teoría

traducción de
AURELIO GARZÓN DEL CAMINO

DIALÉCTICA Y REVOLUCIÓN

ensayos de sociología e historia del marxismo

por

MICHAEL LOWY

siglo veintiuno editores, sa
CERRO DEL AGUA 248, MEXICO 20, D.F.

siglo veintiuno de españa editores, sa
C/PLAZA 5, MADRID 33, ESPAÑA

siglo veintiuno argentina editores, sa

siglo veintiuno de colombia, ltda
AV. 3a. 17-73 PRIMER PISO. BOGOTA, D.E. COLOMBIA

portada de anhelo hernández
edición al cuidado de germán marín

primera edición en español, 1975
quinta edición en español, 1983

ISBN 968-23-0315-X

primera edición en francés, 1973

título original: dialectique et révolution

ÍNDICE

TERCERA PARTE: LENIN

CUARTA PARTE: SOBRE EL MARXISMO EN AMÉRICA LATINA

INTRODUCCIÓN

DIALÉCTICA Y REVOLUCIÓN

Un espectro habita el sueño de la ortodoxia: el "izquierdismo teórico". Con este término se designa desde hace algún tiempo la corriente política y filosófica representada, entre otros, por Rosa Luxemburg, Karl Korsch, Georg Lukács y Antonio Gramsci. Ahora bien, lo que caracteriza a esta corriente, y la opone al oportunismo teórico de los epígonos, no es el "izquierdismo" sino la *dialéctica revolucionaria,* la fidelidad al carácter crítico y negativo del método de Marx y a su filosofía de la praxis.

Los ensayos reunidos en este volumen abordan algunos de los temas centrales de la problemática de la tendencia dialéctico-revolucionaria, temas que son por otra parte objeto privilegiado del ataque de las corrientes no dialécticas que invocan el marxismo, de la seudoortodoxia que va de la II Internacional hasta el estructuralismo contemporáneo:

1] La relación Marx/Hegel. Para Althusser, la superación de Hegel por Marx "no es, de ninguna manera, una '*Aufhebung*' en el sentido hegeliano", sino pura y simplemente "un pasar más allá de la ilusión hacia la realidad", o más bien "una disipación de la ilusión" (*Pour Marx,* París, Maspero, 1965, p. 75 [Ed. esp., *La revolución teórica de Marx,* México, Siglo XXI, 1967, p. 63]). El pobre Hegel, reducido a la triste condición de "ilusión disipada", ¿no se ha convertido de nuevo en el "perro muerto" de que se burla la filosofía establecida? Marx, en cambio, subrayaba en 1858 que la lectura de la *Lógica* de Hegel le había prestado "un gran servicio [*grossen Dienst*] en el método de elaboración" de sus escritos económicos. (Cf. carta de Marx a Engels, 14 de enero de 1858, en *Ausgewahlte Briefe*, Berlín, Dietz Verlag, 1953, p. 121.) No es extraño, por consiguiente, que Althusser encuentre por doquier en *El capital* "rastros de influencia hegeliana", lo cual, para él ¡"supone, en el límite, que se re-escribe la sección I de *El capital*"! (Advertencia en *Le capital*, París, Flammarion, 1969, p. 22.) Vemos, pues, dónde se sitúa el "error" de Lukács y Korsch: más que de "re-escribir" *El capital*, trataron de comprenderlo y de obtener de él el método dialéctico.

Hemos tratado de sugerir, en nuestro trabajo sobre Lenin, algunos de los "grandes servicios" que la lectura (crítica) de la *Lógica* de Hegel prestó al dirigente del partido bolchevique, porque la obra de Lenin demuestra de manera particularmente luminosa el vínculo entre dialéctica (materialista) y revolución.

2] El humanismo revolucionario y, en particular, la significación humana del socialismo, problema decisivo en la visión del mundo de Marx, y cuya actualidad es cada vez más grande en nuestros días, en la medida en que el desarrollo de las fuerzas productivas en el capitalismo contemporáneo atrae la atención de los movimientos revolucionarios hacia los problemas *cualitativos* de la vida social; en la medida también en que en los países del "socialismo burocrático" la rebelión contra las deformaciones stalinistas adopta la forma de un humanismo, a veces confuso e ingenuo, pero auténticamente socialista; en la medida, en fin, en que en regiones del llamado Tercer Mundo, como América Latina, fracciones significativas de la joven *inteligentsia* se afilian a la vanguardia marxista (adhesión pagada frecuentemente con la vida), en nombre de ciertos "ideales" humanistas revolucionarios (a veces en contradicción con sus intereses materiales inmediatos), cuya expresión más coherente la constituyen los escritos sobre el "hombre nuevo" del Che.

3] El historicismo dialéctico, sin el cual no puede comprenderse nada del método de *El capital*, ni de lo que distingue a Marx de la economía política burguesa. Hemos tratado de mostrar la oposición entre esta dialéctica historicista y la concepción evolucionista, lineal y mecánica, de la historia, en el pensamiento político de Marx (por ejemplo, a propósito de la Revolución española), de Lenin, Rosa Luxemburg y Guevara. Se trata de la posibilidad (negada por el evolucionismo predialéctico) de saltos, rupturas en la sucesión, reducciones, interpenetraciones y fusiones contradictorias en el desarrollo de las etapas del proceso histórico, posibilidad que constituye el nudo metodológico de la teoría marxista de la revolución permanente.

4] La categoría de la totalidad, cuyo reinado, según Lukács, es el portador del principio revolucionario en la ciencia, y cuyo papel tratamos de captar en el "viraje metodológico" de Lenin y en el marxismo de Rosa Luxemburg, en lo que los opone a la ideología predialéctica de un Plejanov o de un Bernstein.

5] El pasar más allá (*Aufhebung*) de las oposiciones estereotipadas por el pensamiento metafísico: sujeto y objeto en las ciencias sociales, economía e ideología religiosa en el proceso histórico (Marx contra Weber), determinismo y libertad (Rosa Luxemburg contra Kautsky), revolución socialista y revolución democrática (Lenin contra cierto "viejo bolchevismo").

6] El punto de vista de clase del proletariado, que define la ciencia y el humanismo marxistas como una ciencia y un humanismo de *clase*, y que los conduce a rechazar el positivismo y el moralismo abstracto (neokantiano) en su pretensión de fundar un conocimiento científico y/o una ética "por encima de la confusión".*

Es evidente que estos diversos temas son estrechamente solidarios y su relación recíproca constituye la

* *Au-dessus de la mêlée*, título de un artículo de Romain Rolland. [E.]

trama misma del pensamiento dialéctico revolucionario.

La dialéctica en el pensamiento de Marx es crítica y revolucionaria porque toma cada figura social como efímera y transitoria, destinada a ser sobrepasada por el proceso, por el movimiento perpetuo de la historia. Se distingue de la dialéctica hegeliana: *a*] por su materialismo; *b*] por el rechazo de todo absoluto, de toda inmovilización conservadora, de toda petrificación del presente, de todo "fin de la historia", y *c*] por el papel atribuido a la conciencia que no es, como en Hegel, una "lechuza de Minerva" que acude siempre *post festum*, sino que se manifiesta en la acción histórica misma, en la acción revolucionaria liberadora. Se distingue, por otra parte, de la ideología utópica, en todas sus variantes, por su *realismo dialéctico*, es decir, por el hecho de que su proyecto revolucionario no es un "deber ser" abstractamente establecido frente al estado de cosas existente, pero sí fundado en las tendencias concretas de la propia realidad. (En lo cual participa de la crítica de Hegel a Kant y Fichte. Cf. Lukács, "Moses Hess und die Probleme der idealistischen Dialektik", *Archiv für die Geschichte des Sozialismus und der Arbeiterbewegung*, Leipzig, 1926, t. XII, pp. 116-130.) En fin, la teoría de la revolución de Marx es dialéctica porque rechaza el dilema metafísico "condiciones objetivas" (o "circunstancias") contra "condiciones subjetivas" (o "conciencia"), captando su unidad contradictoria en la praxis revolucionaria del proletariado.

La ideología hegemónica en la II Internacional vaciará el pensamiento marxista de su contenido dialéctico. Con una *notable lucidez*, Bernstein, el padre del revisionismo, había subrayado el vínculo profundo entre la dialéctica y la revolución en Marx; de ahí su furor contra la dialéctica, "elemento pérfido de la doctrina marxista", "trampa", "juego peligroso que conduce a las aventuras revolucionarias y las justifica", fuente del "blanquismo" de Marx (siendo el "blanquismo", para Bernstein, sinónimo de vía violenta hacia el socialismo) y de sus recaídas en el "revolucionarismo" (siendo "revolucionarista", para Bernstein, todo escrito en que se proclame que la revolución proletaria está a la orden del día). Para Bernstein, la dialéctica, de fuente hegeliana, al afirmar la necesidad de llevar las contradicciones hasta el fin, y la posibilidad de saltos catastróficos en el proceso histórico, es el fundamento metodológico del "error" revolucionario de Marx: "Lo que debería exigir generaciones para realizarse, fue considerado a la luz de la filosofía de la *evolución por y en las contradicciones* como el resultado inmediato de una revolución política..." (Cf. Pierre Angel, *E. Bernstein et l'évolution du socialisme allemand*, París, Didier, 1961, pp. 198-204).

En cuanto a los "marxistas ortodoxos" Kautsky y Plejanov, sus pensamientos representan, en amplia medida (como tratamos de demostrarlo en los artículos en que los confrontamos con Rosa Luxemburg y con Lenin) una vuelta al materialismo mecanicista del siglo XVIII, es decir, a una forma de pensamiento fundamentalmente metafísico y predialéctico. La dialéctica marxista no habría de sobrevivir, de la muerte de Engels a 1914, sino "a la obra" en los escritos políticos de la izquierda revolucionaria de la II Internacional: Rosa Luxemburg, Trotski y Lenin. No habría de reaparecer como pensamiento filosófico hasta los *Cuadernos...* de Lenin en 1914, pero aun así se trata de notas marginales que permanecieron inéditas hasta 1929. La corriente dialéctica revolucionaria no surgirá a los ojos de todos sino en la estela de la gran ola que conmovió a Europa después de 1917. Serán los escritos, artículos, libros y ensayos de Lukács, Korsch y Gramsci, expresión ideológica de la nueva "primavera de los pueblos" de 1917-1923, y correspondiente filosófico del pensamiento político de los bolcheviques y del Komintern. La cima teórica de este período la alcanzó Lukács en *Historia y conciencia de clase* (1923) que, no obstante sus defectos, errores idealistas y tentaciones hegelianas, representa probablemente la obra más grande de filosofía marxista del siglo xx, precisamente porque supo, más que cualquiera otra, restituir al método materialista histórico su dimensión revolucionaria.

Después de la estabilización del capitalismo mundial y el desarrollo del stalinismo en la URSS y en la Internacional, la dialéctica marxista habría de ser progresivamente marginada, excomulgada y sofocada; su último refugio sería, paradójicamente, la prisión italiana donde Gramsci, encarcelado por el fascismo, había de escribir de 1929 a 1934 los célebres *Cuadernos de la cárcel*, último destello del gran auge de la filosofía revolucionaria inspirada por la Revolución de Octubre. Con Gramsci, la dialéctica revolucionaria vuelve a su estado de 1914: notas secretas en un cuaderno, que no serían conocidas sino por la posteridad. Pronto sería "medianoche en el siglo": Lukács renegaría de sus obras de juventud, y los viejos bolcheviques (con excepción de Trotski) de su pasado ante Vishinski. En el interior del campo marxista, es la hegemonía total del stalinismo, la esterilización del pensamiento teórico, la vuelta a una forma de materialismo vulgar en los antípodas del método de Marx. Hasta comienzos de los años sesenta, con la crisis del stalinismo y el nuevo impulso revolucionario (lucha de los vietnamitas; Mayo francés de 1968), no se asiste a una "resurrección" parcial de la corriente dialéctico-revolucionaria, a la reaparición de ese famoso "izquierdismo teórico" que se creía definitivamente purgado. Las principales manifestaciones de este renacimiento del marxismo fueron:

a] La reedición de ciertos autores "clásicos": Lukács, Korsch, Gramsci, Rosa Luxemburg, Trotski, y el redescubrimiento de otros menos conocidos (Jakubovski);

b] La aparición de un pensamiento dialéctico-revolucionario en los países del Tercer Mundo (Guevara), en Europa occidental (Mandel) y oriental (Kosik, la revista *Praxis*), que en el terreno de la teoría política, económica y filosófica desarrolla un marxismo realmente "creador";

c] Los trabajos de ciertos sociólogos o filósofos que, a pesar de sus limitaciones políticas, ofrecen el mayor interés metodológico: Goldmann, Marcuse, etc.

Este renacimiento de la dialéctica ocurre necesariamente en conflicto con el último avatar del materialismo metafísico, el estructuralismo, cuya hegemonía sobre la vida universitaria e intelectual (a escala no sólo francesa sino incluso mundial) no comienza a ser sometida a discusión hasta después de 1968. La polémica ideológica con el estructuralismo-marxista es hoy tan indispensable a la afirmación de una corriente dialéctico-revolucionaria, como la crítica metodológica de Kautsky lo era en la época de Lukács y Korsch. Dicho esto, más allá de la polémica, la misión del pensamiento dialéctico de nuestros días es la misma que en los años veinte: ser la expresión y el instrumento del movimiento revolucionario del proletariado.

París, enero de 1973

PRIMERA PARTE

MARX

CAPÍTULO I

MARX Y WEBER: NOTAS SOBRE UN DIÁLOGO IMPLÍCITO

Se dice habitualmente que *La ética protestante y el espíritu del capitalismo* de Weber, es un diálogo con el fantasma de Marx, es decir, en cierto sentido, una refutación del materialismo histórico. Las posiciones de Marx y de Weber están frecuentemente resumidas en los términos siguientes: para Marx, toda tentativa de explicar el racionalismo occidental deberá admitir la importancia fundamental de la economía y tener en cuenta, ante todo, las condiciones económicas; para Weber, por el contrario, el espíritu del capitalismo no podría ser otra cosa que el resultado de ciertas influencias de la Reforma.

El problema es claro y las diferencias entre las dos tesis son evidentes; pero hay un pequeño hecho que destruye la bella armonía de este cuadro claro y evidente: lo que hemos presentado más adelante como el "resumen" de la concepción de Marx es una cita literal de... ¡Max Weber! En su introducción a los *Gesammelte Aufsätze zur Religionssoziologie* (1920) —cuyo primer volumen incluye *La ética protestante...*—, escribe Weber: "Se tratará, pues, en primer lugar, de reconocer los *rasgos distintivos* del racionalismo occidental y, en el interior de éste, de reconocer las formas del racionalismo moderno, y después de explicar su origen. Toda tentativa de explicación de este orden deberá admitir la importancia fundamental de la economía y tener en cuenta, ante todo [*vor allem*], las condiciones económicas".[1] Y esto no es todo: lo que

[1] Max Weber, *L'éthique protestante et l'esprit du capi-*

hemos presentado como el "resumen" de la concepción de Weber es, en realidad, una tesis que él consideraba "fuera de razón y doctrinaria". Cito:

Por otra parte, es imposible sostener una tesis tan fuera de razón y doctrinaria, que pretende que "el espíritu del capitalismo"... *no* podría ser *otra cosa que* el resultado de ciertas influencias de la Reforma, hasta afirmar incluso que el capitalismo como *sistema económico* es una creación de ésta.[2]

En efecto, Weber tiene gran cuidado de *no* presentar su obra como una interpretación causal "espiritualista" de la historia; en la introducción de 1920, mencionada arriba, insiste en que "no nos ocuparemos, pues, más que de un solo aspecto del encadenamiento causal", y en el último párrafo de *La ética protestante*... reconoce que sería preciso también "elucidar la manera en que el ascetismo protestante ha sido a su vez influenciado, en su carácter y su devenir, por el conjunto de las condiciones sociales, en particular por las condiciones *económicas*".[3]

Pues bien, en este caso, ¿cómo explicar que *La ética protestante*... se presente, con tanta frecuencia, como la gran obra "anti-Marx" de la sociología moderna?[4] Una de las razones es probablemente la necesidad de la imagen de un San Jorge académico que aplasta al Dragón marxista. *Pero,* por otra parte, *hay efectivamente* determinados pasajes del libro de Weber que se presentan explícitamente y sin ambigüedad como un reto al materialismo histórico y tratan de oponerle una

talisme, París, Plon, 1964, p. 25. [Hay ed. en esp.] Cf. Max Weber, *Gesammelte Aufsätze zur Religionssoziologie,* Tubinga, J.C.B. Mohr, 1920, p. 12.

2 Weber, *L'éthique...,* p. 107.

3 *Ibid.,* pp. 26, 248.

4 Cf., p. ej., Talcott Parsons, *The structure of social action,* Nueva York, Free Press, 1966, p. 510, y R. Bendix, *Max Weber,* Londres, Heinemann, 1960, p. 71.

relación causal "espiritualista". Se trata sobre todo de dos pasajes acerca de Estados Unidos y Benjamin Franklin, donde presenta ciertos hechos históricos que demuestran, en su opinión, la inadecuación del "materialismo histórico ingenuo". Trataremos de situar rápidamente esas páginas en relación con lo que nos parece ser la tesis central del libro y, como consecuencia, de examinar de manera más detallada los hechos históricos mismos, utilizando las propias fuentes de Weber. Nuestra tesis es, *grosso modo*, que esos pasajes son a la vez atípicos en relación con la orientación general del libro, y bastante problemáticos desde el punto de vista de los hechos.

¿Cuál es realmente la orientación general de *La ética protestante*...? La respuesta a esta pregunta no es fácil. Weber, a veces, reconoce implícitamente la primacía de las transformaciones económicas sobre las transformaciones religiosas; por ejemplo, en este pasaje sobre los orígenes del protestantismo en Alemania:

> Un gran número de regiones del Reich, las más ricas y las más desarrolladas económicamente, las más favorecidas por su situación o sus recursos naturales, en particular la mayoría de las ciudades ricas, se pasaron al protestantismo ya en el siglo XVI... Se plantea, entonces, la cuestión histórica: ¿por qué las regiones económicamente más avanzadas se mostraban al mismo tiempo particularmente favorables a una evolución en la Iglesia?[5]

Cualquiera que sea la respuesta a esta cuestión histórica, el párrafo transcrito implica que en Alemania los capitalistas se hicieron protestantes y no los protestantes capitalistas. En otro pasaje sugiere Weber que el protestantismo ha suministrado un apoyo moral para una tendencia histórica *ya existente*:

> La idea de que el hombre tiene *deberes* con respecto a las riquezas que le han sido confiadas y a las que se subordina

[5] *Ibid.*, p. 35.

como un administrador obediente, incluso como una "máquina de adquirir", gravita con todo su peso sobre una vida que así deja yerta... Como tantos elementos del espíritu del capitalismo moderno, por algunas de sus raíces, el origen de este estilo de vida remonta a la Edad Media. Pero sólo en la ética del protestantismo ascético encontró su principio moral consecuente.[6]

Por otra parte, Weber afirma que el capitalismo moderno necesitaba del sostén de las fuerzas religiosas del mismo modo que necesitaba del poder del Estado: el capitalismo moderno no hubiera podido destruir las viejas reglamentaciones medievales de la vida económica sin la alianza con el poder creciente del Estado moderno, y "podemos decir provisionalmente que lo mismo hubiera podido ocurrir en cuanto a sus relaciones con las fuerzas religiosas".[7] Weber no desarrolla esta comparación y, por consiguiente, no vamos a discutirla aquí; nos limitamos a advertir que Weber no ignoraba el hecho bien conocido de que el Estado moderno mismo apareció como una consecuencia, *inter alia,* del desarrollo de las ciudades y de la burguesía urbana "capitalista" durante la Edad Media. ¿Acaso esta relación no sería también válida para las fuerzas religiosas?

Pero la orientación metodológica del libro no sigue una de estas dos tendencias opuestas (primacía de lo económico o de lo religioso); es precisamente la de un estudio brillante, penetrante y profundo de la *correlación*, de la *relación íntima*, de la *congruencia* entre estas dos estructuras culturales: la ética protestante y el espíritu del capitalismo, dejando abierta la cuestión de la *primacía*. En *La ética protestante...* emplea la expresión "afinidad electiva" [*Wahlverwandtschaft*] y en un artículo de 1908 de la revista *Archiv für Sozialwissenschaft und Sozialpolitik* se queja de los equívocos

[6] *Ibid.*, p. 230.
[7] *Ibid.*, p. 75.

causados por ciertos giros y subraya el concepto de *adecuación* [*Adäquanz*] como la categoría metodológica central de su libro.[8]

Pero (siempre hay un "pero"), tenemos esos dos pasajes sobre Estados Unidos y Benjamin Franklin que no pueden ser considerados como una simple retórica, y que proclaman clara y abiertamente la primacía causal del "factor espiritual". Examinemos, pues, la veracidad de esos pasajes utilizando *exclusivamente* las fuentes del propio Weber, es decir, los libros que él mismo cita para apoyar su tesis.

El primer pasaje es éste:

> Hablaremos a continuación detalladamente de la doctrina del materialismo histórico ingenuo, según la cual tales ideas son el reflejo, o la superestructura, de situaciones económicas determinadas. Para nuestro propósito basta con hacer notar que el 'espíritu del capitalismo' (en el sentido en que lo entendemos aquí) existía *sin duda alguna* [subrayado por nosotros] en la comarca que vio nacer a Benjamin Franklin, Massachusetts, *antes* de que se desarrollara el orden capitalista. Ya en 1632 se habían elevado quejas contra el exceso de cálculo en el logro de la ganancia, propio de Nueva Inglaterra, que se distinguía así de las demás comarcas de Norteamérica. Además es cierto que el capitalismo se había implantado menos bien en las colonias vecinas (que luego pasaron a ser los estados del Sur)... En el caso presente, la relación causal es ciertamente la contraria de la que propondría el materialismo histórico.[9]

En primer lugar, hay que advertir que incluso este texto polémico va menos dirigido contra Marx que contra "el materialismo histórico ingenuo"; de todos modos, sugiere, o más bien afirma, que el espíritu del capitalismo en el Massachusetts de los comienzos de la

[8] *Religionssoziologie*, I, pp. 83, 218; Ephraïm Fischoff, "The history of a controversy", en *Protestantism and capitalism (The Weber thesis and its critics)*, Boston, D.C. Heath & Company, 1967, pp. 110-111.

[9] Weber, *L'éthique protestante*... pp. 55-56, traducción corregida del original alemán, *Religionssoziologie*, I, pp. 37.

colonización no era la consecuencia de un "orden capitalista" sino de la ética puritana de los colonos. ¿Es esto realmente tan cierto? ¿No habría otras razones, al lado de las religiosas, para el espíritu capitalista de los colonizadores de la Nueva Inglaterra?

Weber cita con frecuencia al historiador J. A. Doyle para subrayar la diferencia entre el Norte puritano, con su compulsión ascética para el ahorro, y el Sur, donde los terratenientes viven a la manera de señores feudales. En efecto, Doyle menciona, entre las causas que han convertido al colono de la Nueva Inglaterra en un comerciante, el hecho de que los puritanos "habían perdido la capacidad para los gastos suntuarios". Pero el mismo Doyle, cuyo "golpe de vista penetrante" elogia Weber, había *visto* también otras causas para las diferencias entre las colonias norteamericanas del Norte y del Sur; no sólo causas "celestiales", sino también causas terrenales, en particular, la más terrena de todas, es decir, la *tierra.* Según Doyle, "las tendencias naturales de una colonia donde la tierra es abundante y la población desparramada son las de encerrarse en la agricultura, y depender de la importación en cuanto a los artículos manufacturados. Esta tendencia se ha desarrollado plenamente en las colonias sureñas. En la Nueva Inglaterra, por el contrario, estuvo limitada por razones a la vez morales y materiales. La oferta de tierra fértil estaba limitada por naturaleza y limitada más todavía por el fuerte deseo de cohesión que las instituciones políticas y eclesiásticas, así como la presión de los salvajes, mantenían vivo... El próspero habitante de la Nueva Inglaterra, que explotaba ya toda la tierra que podía supervisar personalmente, había de guardar su dinero en una caja fuerte, o emplearlo en los negocios. Esto es cierto en cuanto al capital disponible de la agricultura y todavía más en cuanto a la acumulación del comercial. En una comunidad como Nueva Inglaterra, el comercio, una vez iniciado, debe buscar constantemente nuevos mercados". Habría que añadir que para Doyle el puritanismo era también, en cierta medida, un *obstáculo* que debía ser superado para permitir el pleno desarrollo del comercio: "La presencia del mar, sus promesas de riqueza, de aventura, de cambio de vida, debía combatir contra la disciplina rígida del puritanismo, como ella había por lo demás combatido la exclusividad de la ciudad-Estado griega. Como era previsible, Massachusetts, más rica, más emprendedora, y más densamente poblada, ha sobrepasado rápidamente a Plymouth en el comercio y los negocios":[10] "En las colonias sureñas, la ausencia de vida urbana, la abundancia de la tierra y la incompetencia de las clases trabajadoras excluía toda posibilidad de manufactura. En cambio, Nueva Inglaterra era capaz de proveerse al menos de los artículos comunes necesarios para la vida" (Weber cita a Doyle en *La ética...*, pp. 114, 234, 236.) Resumamos: para Doyle, la limitación de la tierra fértil, la densidad de población, los puertos marítimos, etc., figuran *al lado* del puritanismo y algunas veces *contra* el puritanismo entre las causas que han estimulado el comercio y la manufactura en Nueva Inglaterra.

Examinemos ahora las quejas contra "el exceso de cálculo en el logro de la ganancia" en Nueva Inglaterra, "ya en 1632", de que habla Weber. En esta página no hay ninguna referencia de fuente, pero en una nota al pie de la página 236 menciona de nuevo esas quejas de 1632 contra "la extremada codicia de los habitantes de Nueva Inglaterra en cuestión de ganancias" y da como fuente a Weeden, *Economic and social history of New England*, t. I, p. 125. Leamos, pues, esta página del libro de Weeden:

En 1632 existen varias indicaciones de que los negocios se hallan en expansión... El reverendo John White, de Dor-

[10] John Andrew Doyle, *The English in America*, Londres, Longmans Green and Co., 1887, t. II, pp. 33-35 y 39.

chester, al deplorar la situación espiritual del país, demuestra que los negocios profanos se llevaban con energía suficiente. Cometiéronse errores grandes y fundamentales, "por ser la ganancia el fin principal y no la propagación de la religión".

En otros términos: esta queja de 1632 sugiere que el logro de la ganancia era no una consecuencia de la religiosidad de la gente, sino de su insuficiencia religiosa; el reverendo puritano no veía el logro de la ganancia como un oficio [*Beruf*] bendecido, sino como algo *opuesto* a la verdadera religiosidad. Nos parece, pues, que esta queja difícilmente puede ser citada, como lo hace Weber, para sostener la tesis de que la religión puritana era la causa principal de la "codicia en cuestión de ganancias" de Nueva Inglaterra. En otro pasaje del libro de Weeden aparece otra queja que subraya el mismo punto: la oposición entre religión y logro de la ganancia; menciona una queja del puritano Johnson, en 1650, el cual se indigna de que los mercaderes, comerciantes y hombres de negocios "quisieran que la comunidad tolerara diversos géneros de opiniones pecadoras para atraer a los hombres a venir y a sentarse con nosotros, para que sus bolsas se llenen de dinero, el gobierno civil se llene de disensiones y la Iglesia de Nuestro Señor Jesucristo se llene de errores..." [11]

Pero este "cálculo en el logro de la ganancia", "ya en 1632", plantea otro problema: ¿acaso este espíritu capitalista apareció realmente, de pronto, *ex nihilo*, o mejor, *ex puritanismo*, en Norteamérica, sólo 12 años después de la llegada del Mayflower? ¿No sería más razonable suponer que este espíritu no nació misteriosamente en Nueva Inglaterra, sino que los colonos *lo llevaron con ellos de Inglaterra*? En otros términos,

[11] Weeden, *Economic and social history of New England, 1620-1789*, Houghton Mifflin Co., 1890, t. I, pp. 125, 155. Cf. Max Weber, *L'éthique...*, pp. 55, 236.

¿no sería posible que la codicia por la ganancia de los habitantes de Nueva Inglaterra en 1632 no cayera del cielo del puritanismo en Norteamérica, sino que brotara en el suelo fértil de Inglaterra, que era en aquella época *el país más capitalista del mundo*? ¿No sería posible que los inmigrantes llevaran en su equipaje no sólo el protestantismo, sino además la mentalidad capitalista? ¿No sólo la Biblia, el "Buen Libro" (como lo llaman los puritanos), sino además buenos libros de cuentas? Esta hipótesis se refuerza más si aceptamos la teoría de Weber sobre la *congruencia* entre capitalismo y puritanismo en Inglaterra: ¡si los puritanos tenían un "espíritu capitalista" en Inglaterra, no hay motivo para que no siguieran teniéndolo en la Nueva Inglaterra norteamericana!

El mismo razonamiento es válido en cuanto al desarrollo concreto del artesanado en la Nueva Inglaterra. Según Weber, "la existencia en Nueva Inglaterra, desde la primera generación que siguió a la fundación de esta colonia, de empresas siderúrgicas (1643), de hilados (1659), así como el florecimiento de un alto artesanado" es, desde un punto de vista puramente económico, completamente asombroso, y no podría ser explicado más que por el papel de la religión puritana.[12] Una vez más este artesanado, estas manufacturas, ¿son el producto de la ética protestante o de los oficios altamente desarrollados *de Inglaterra* (transportados a Norteamérica)? Si tomamos los dos ejemplos que da Weber, la siderurgia y los hilados, encontraremos los hechos siguientes:

a] La siderurgia de 1643 apareció de esta manera según el historiador Doyle: "En 1643, habiéndose asegurado de la existencia de hierro, John Winthrot Jr. *regresó a Inglaterra* [subrayado por nosotros], formó una compañía, contrató trabajadores y se procuró todas las cosas necesarias para los trabajos";

[12] Weber, *L'éthique...*, p. 234, n. 85.

b] Los hilados para el mercado no comenzaron en 1659, sino, según Doyle, mucho antes, con *tejedores ingleses* que habían emigrado a Norteamérica: "En 1639, cierto número de tejedores del Yorkshire se establecieron al norte de Ipswich, bautizando la ciudad, por su lugar de origen, con el nombre de Rowley. Instalaron allí una fábrica de hilados, y educaron a sus hijos en el oficio del tejido y del hilado". No se trataba de un fenómeno aislado e implicaba empresas relativamente amplias y prósperas, como leemos en una carta de Lord Maynard al arzobispo Laud, del 17 de marzo de 1638 (citada por Weeden), en la que se queja de "la intención de varios tejedores de grandes empresas de marchar repentinamente a Nueva Inglaterra".[13]

Resumamos: las observaciones anteriores no tienen la pretensión de ofrecer una explicación "materialista histórica" de los orígenes del capitalismo norteamericano, ni la de negar que el puritanismo desempeñó un papel (ambiguo, en este proceso; queremos solamente sugerir que, según las fuentes del propio Weber, no es tan cierto, como él parece creerlo, que, "en el caso presente, la relación causal sea... la inversa de la que propondría el materialismo histórico".

Examinemos ahora el segundo pasaje de Weber sobre Norteamérica y Benjamin Franklin. Weber compara la Florencia capitalista de los siglos XIV y XV, que condenaba o toleraba apenas la actitud capitalista que concibe el enriquecimiento como un fin en sí, con los "bosques de Pensilvania" que han producido ese prototipo del espíritu capitalista, Benjamin Franklin:

> ...en el siglo XVIII, en unas condiciones pequeñoburguesas, en medio de los bosques de Pensilvania, donde los negocios amenazaban degenerar en trueque por simple carencia de dinero, donde apenas se encontraba rastro de grandes empresas industriales, donde los bancos estaban dando sus

[13] Doyle, *op. cit.*, pp. 37, 40. Weeden, *op. cit.*, p. 165.

primeros pasos, el mismo hecho pudo ser considerado por Benjamin Franklin como la esencia de la conducta moral y fue incluso recomendado en nombre del deber. Hablar aquí de "reflejo" de las condiciones "materiales" sobre la "superestructura ideal" sería un puro despropósito. ¿Cuál es, pues, el segundo plano de ideas que ha conducido a considerar esta especie de actividad, dirigida en apariencia únicamente a la ganancia, como una vocación [*Beruf*] hacia la cual el individuo siente una *obligación moral*? Porque éstas son ideas que han conferido a la conducta del empresario "de nuevo estilo" su fundamento ético y su justificación.[14]

Dejamos de lado el problema de Florencia —hay a este respecto una gran polémica entre Weber, Sombart y Keller, de los cuales los dos últimos consideran al fraile Antonio de Florencia como un representante típico del espíritu del capitalismo, y toda la cuestión se halla en extremo controvertida—, para concentrar nuestra atención en Benjamin Franklin, ciudadano de Pensilvania. En primer lugar, no vivía en "los bosques de Pensilvania", sino en *Filadelfia,* la segunda o tercera ciudad de Norteamérica, próspera en el siglo XVIII, según todas las fuentes; en segundo lugar, nació y fue educado en *Boston* (hasta los 17 años), la primera ciudad de Norteamérica y la más "capitalista" de todas; en tercer lugar, vivió durante varios años en *Londres,* que era en aquella época probablemente el centro capitalista más grande del mundo entero.

Todo esto basta en lo que se refiere a "los bosques de Pensilvania"; pero examinemos más detenidamente el *credo* capitalista de Franklin, tal como lo cita Weber. La esencia de este *credo* capitalista puede ser de manera pertinente resumida en una palabra: Dinero (con una "D" mayúscula). ¿Cómo obtener dinero? ¿Cómo ahorrar dinero? ¿Cómo hacer dinero con dinero? ¿Cómo extraer dinero de los hombres? ¿Por

[14] Weber, *op. cit.,* pp. 80-81.

qué? ¿Con qué fin? Weber contesta citando la autobiografía de Franklin:

Si preguntamos, en particular, por qué es deber "de los hombres hacer dinero", Benjamin Franklin, aunque él mismo no fue sino un pálido deísta, responderá (cf. su autobiografía) con una cita de la Biblia, que su padre, como estricto calvinista, le repetía incansablemente en su infancia: "Mira que un hombre diligente en su negocio permanecerá de pie ante los reyes, y no estará de pie ante los plebeyos". Ganar dinero —en la medida en que se hace de manera lícita— es, en el orden económico moderno, el resultado, la expresión de la aplicación y de la competencia en el seno de una *profesión* [*Beruf*]; y es fácil ver que esta *actividad*, esta aplicación son el alfa y el omega de la moral de Franklin, tal como la hemos visto expresada en las citas precedentes y tal como se expresa sin excepción en todos sus escritos.[15]

En otros términos, según Weber, la profesión-vocación [*Beruf*, *calling*] es para Franklin *un fin moral en sí*, como para su padre calvinista. Ahora bien, la impresión abrumadora de los pasajes de Franklin, citados por Weber, es que el *dinero* es el fin en sí, el *summum bonum*. Por ejemplo:

Recuerda que el *tiempo* es *dinero*. El que podía ganar diez chelines al día trabajando, se pasea o permanece en su cuarto holgazaneando la mitad del tiempo; aunque sus placeres, aunque su pereza, no le cuesten más que seis peniques, no debe limitarse a contar este único gasto. Ha gastado, además, o tirado más bien, otros cinco chelines [...]Recuerda que el dinero es, por naturaleza, *generador y prolífico*... El que asesina una moneda de cinco chelines, destruye todo lo que ésta hubiera podido producir: montones de libras esterlinas. [Etc.][16]

[15] Weber, *op. cit.*, pp. 53-54.

[16] Estos pasajes están tomados del libro de Franklin, *Necessary hints to those that would be rich*, 1756, citados por Weber, *L'éthique...*, pp. 48-49.

¿Sería posible que la actividad profesional no fuera para él otra cosa que un *medio* para alcanzar otros fines, a saber la riqueza? Weber reconoce que las admoniciones morales de Franklin están teñidas de utilitarismo, y que para él la frugalidad y la aplicación al trabajo no son virtudes sino porque son útiles para hacer dinero. Pero cree, no obstante, que Franklin expresa "una serie de sentimientos íntimamente ligados a ciertas representaciones religiosas". Lo prueba el pasaje mencionado de su autobiografía, en el que se cita la Biblia para justificar la aplicación profesional.[17] Ahora bien, lo que Franklin escribió en este pasaje de la autobiografía demuestra *precisamente* que para él no se alaba el trabajo sino como *medio* de enriquecimiento:

> ...mi padre, entre las lecciones que me daba cuando era niño, me repetía frecuentemente un proverbio de Salomón: "Mira que un hombre diligente en su negocio [*calling*], permanecerá de pie ante los reyes, y no estará de pie ante los plebeyos"; *a partir de ahí consideré la industria como un medio de obtener la riqueza y distinción*, lo cual me ha alentado, aunque no creyera que iba a permanecer efectivamente de pie ante los reyes, cosa que, sin embargo, ha ocurrido puesto que he estado de pie delante de cinco reyes y hasta he tenido el honor de sentarme con uno, el rey de Dinamarca, para cenar"[18] [subrayado por nosotros].

El trabajo, la diligencia, la industria no están considerados aquí sino como medios seguros de obtener riqueza y distinción, medios recomendados por la antigua sabiduría (Salomón).

La distinción social, en el sentido de progreso en la escala social, independencia, igualdad con los ricos y poderosos, aparece claramente como uno de los fines de la industria y del enriquecimiento en varios escri-

[17] Weber, *op. cit.*, pp. 51-54.

[18] Benjamin Franklin, *Autobiography*, Londres, Dent & Sons, 1931, p. 95.

tos de Franklin. Por ejemplo, en un pasaje de *The way to make money pleinty in every man's pocket*, Franklin recomienda la probidad, el trabajo y la frugalidad como medios para hacerse rico e independiente, y agrega:

> Entonces serás un hombre, y no tendrás ya que ocultar tu rostro cuando se acerque un rico, ni sufrir el dolor de sentirte pequeño cuando los hijos de la fortuna marchen a tu derecha... ni inclinarte ante el infame cubierto de seda porque posee riquezas, o soportar un insulto porque la mano de quien te agrede lleva un anillo de diamantes.[19]

Por otra parte, no hay duda de que la riqueza es para Franklin no sólo un medio de obtener la distinción social, sino un *fin en sí*. Volvemos, pues, a la pregunta de Weber: ¿por qué es deber "de los hombres hacer dinero"? El argumento de Weber es que hacer dinero, la adquisición, el enriquecimiento como fin último de la vida es (desde un punto de vista hedonista) completamente irracional, y no puede ser explicado sino por la influencia de ideas religiosas: la profesión [*Beruf*] como un fin moral en sí,[20] siendo el mejor ejemplo el del propio Franklin. Hemos intentado demostrar que la autobiografía de Franklin no sostiene esta explicación. ¿Por qué, pues, no suponer que un comportamiento económico no es racional (en términos hedonistas) por sí mismo, sin necesidad de inspiración religiosa? El propio Weber admite que *hoy* el capitalismo y su espíritu (irracional) de "hacer dinero", como un fin absoluto, funciona maravillosamente sin tener necesidad de religión. ¿Por qué no sería así desde los comienzos? Opuestamente: ¡era quizá más racional (en términos utilitarios hedonistas) para un modesto artesano del siglo XVII ser industrioso y ahorrativo como un *medio* de ascenso social, que hoy para un rico ca-

[19] *The life and works of Benjamin Franklin*, Brightly & Childs, pp. 183-184.

[20] Weber, *op. cit.*, pp. 53-54.

pitalista estar obsesionado por la necesidad de acumular dinero!

Marx ha analizado en sus escritos este carácter irracional del capitalismo, y lo ha presentado como una forma de alienación, semejante en su estructura a la alienación *religiosa*. En ambos casos los seres humanos están dominados por sus propios productos: respectivamente el Dinero y Dios. El capitalista, escribe Marx, "en la medida en que sus actos y omisiones son una mera función del capital personificado en él con conciencia y voluntad, su consumo privado se le antoja como un robo cometido contra la acumulación de su capital, como en la contabilidad italiana, en la que los gastos privados figuraban en el 'Debe' del capitalista a favor del capital".[21] Véanse también los *Manuscritos* de 1844: "Cuanto menos comas, bebas, compres libros, vayas al teatro o al baile, o al café... más capaz serás de ahorrar y *mayor* se volverá tu tesoro que ninguna herrumbre puede corromper, tu *capital*. Cuanto menos *eres*, cuanto menos exprimes tu vida, más *tienes*, mayor es tu vida *alienada* y mayor es el ahorro de tu ser alienado" (en Marx, *Kleine Ökonomische Schriften*, Berlín, Dietz Verlag, 1953. Respecto de las relaciones entre la problemática marxista de la reificación y los análisis de Weber, véase el artículo muy interesante de Joseph Gabel, "Une lecture marxiste de la sociologie religieuse de Max Weber", en *Cahiers Internationaux de Sociologie*, t. XLVI, 1969).

Esta alienación del capitalista, su "avaricia y la ambición de enriquecerse, como pasiones absolutas" son, en opinión de Marx, particularmente características de los orígenes históricos del modo de producción capitalista, del período de acumulación primitiva.[22]

[21] Marx, *Das Kapital*, I, *Werke*, 23, Berlín, Dietz Verlag, 1962, p. 619. [Ed. esp., Fondo de Cultura Económica, México, 1959, t. I, p. 499.]

[22] Marx, *Das Kapital*, pp. 620-621. [Ed. esp. t. I, p. 500.]

Pero incluso en el capitalismo moderno, según Marx, el capitalista se halla dominado en gran medida por un "instinto absoluto de enriquecerse" [*absoluten Bereicherungstrieb*], lo cual no constituye una manía individual, sino la expresión de un mecanismo social alienado, del cual el capitalista no es más que una rueda. Por otra parte, el capitalista está evidentemente forzado por las leyes de la competencia a acumular y a ampliar continuamente su capital.[23]

Marx está convencido, como Weber, de la irracionalidad del espíritu capitalista, pero considera esta irracionalidad (que tiene, indudablemente, su propia coherencia y racionalidad interna) como si fuera una característica intrínseca, inmanente y esencial del mundo de producción capitalista (como proceso social alienado) y no, como Weber sugiere, el producto de fuerzas exteriores, no económicas, religiosas.

En conclusión: no hemos discutido aquí el problema de la influencia del capitalista sobre la ética puritana, lo cual ha sido hecho ya con éxito por Tawney, H. M. Robertson y otros. En cuanto a Marx, no tiende a "reducir" la religión a la economía, ni niega la eficacia histórica de las ideologías religiosas. Por el contrario, reconoce incluso que la religión puede desempeñar durante cierto período el papel principal; la economía no es determinante sino en "última instancia", en el sentido en que designa la función estructural, el papel y la importancia de la esfera religiosa.[24]

Por lo demás, no habría que olvidar este hecho interesante y bastante ignorado: Marx había advertido ya la *correlación* entre el puritanismo y el capitalismo mucho tiempo antes que Weber, en una obra que se publicó recién en 1939 (y que, por consiguiente, Weber desconocía): los *Grundrisse*, primer borrador del *Ca-*

[23] Marx, *op. cit.*, p. 618. [Ed. esp., t. I, p. 499.]

[24] Cf. Marx, *Das Kapital*, p. 96 [ed. esp., t. I, p. 46n], y Louis Althusser, *Lire Le Capital*, I-II, París, Maspero, 1965. [Ed. esp., *Para leer "El capital"*, México, Siglo XXI, 1969.]

pital, redactado en 1857-58. Después de haber citado un pasaje del economista Petty sobre las cualidades inmortales del dinero, Marx escribe: "El culto del dinero tiene su ascetismo, sus renuncias, sus sacrificios, la frugalidad y la parsimonia, el desprecio por los placeres mundanos, temporales y fugaces, la búsqueda del tesoro eterno. De aquí deriva la conexión [*Zusammenhang*] del puritanismo inglés o también del protestantismo holandés con la tendencia a acumular dinero [*Geldmachen*]".[25] (Lucien Goldmann había advertido este paralelo entre los *Grundrisse* y la tesis de Weber.)

Igualmente, hemos tratado de presentar un análisis marxista de los orígenes del capitalismo. Nuestro fin era sobre todo someter a discusión ciertos pasajes célebres de *La ética protestante...*, de Weber, y sugerir con este examen que:

1. La tesis de Weber, según la cual el comienzo del capitalismo norteamericano y el espíritu capitalista de Benjamín Franklin son, sobre todo, producto de causas religiosas, no es tan evidente como parece creerlo, y que, por consiguiente,

2. La tentativa de explicar estos hechos históricos por causas socioeconómicas no es necesariamente "un puro despropósito", como lo proclama Weber.

[25] K. Marx, *Fondements de la critique de l'économie politique,* París, Anthropos, 1967. [Ed. esp., *Elementos fundamentales para la crítica de la economía política,* México, Siglo XXI, 1971, t. I, p. 168.]

CAPÍTULO II

MARX Y LA REVOLUCIÓN ESPAÑOLA, 1854-1856

INTRODUCCIÓN

En 1966 se cumplió el 30º aniversario de la revolución española de 1936, y el 110º aniversario de la de 1856. El análisis de Marx puede contribuir a la comprensión de ambos; pero el interés de este análisis rebasa el marco puramente español. Hay en él sugestiones relativas a una problemática más general y de actualidad candente: la de la revolución en los países "subdesarrollados".

No existe, que sepamos, ningún estudio sistemático de los artículos de Marx sobre la revolución española de 1854-1856, publicados en el periódico norteamericano *New York Daily Tribune*.

Estos artículos pueden agruparse en tres categorías:

1] Corresponsalías sobre la revolución de 1854, unidas a corresponsalías sobre la guerra ruso-turca y otros acontecimientos europeos. La primera data del 4 de julio de 1854 y la última del 15 de septiembre del mismo año. El 6 de octubre de 1854, Marx hace todavía mención de España, informando sobre las conspiraciones republicanas en Málaga, Logroño y Jaén. Al menos uno de dichos artículos, fechado el 8 de septiembre, en el que se trata de España, de Prusia y de la crisis en Oriente, no se publicó.[1]

[1] El artículo aparece mencionado en el cuaderno de notas de la señora Marx. Cf. Karl Marx, *Chronik seines Lebens in Einzeldaten*, Moscú, Marx-Engels Verlag, 1934, p. 148.

2] Artículos de fondo del *NYDT* sobre la historia de España, en particular de los comienzos del siglo XIX, con el título *Revolutionary Spain* (septiembre-diciembre 1854). Marx escribió once artículos, pero sólo fueron publicados ocho por el periódico norteamericano.[2] Se introdujeron algunas "correcciones", supresiones y adiciones, tanto en los artículos como en las corresponsalías de Marx, por parte de la redacción del periódico *NYDT*.[3]

3] Corresponsalías sobre la revolución de 1856, publicadas en el *NYDT*, el 8 y el 18 de agosto de 1856, y que constituyen, según nuestra opinión, la contribución más interesante.

Una última mención relativa a estos acontecimientos aparece el 12 de junio de 1857, en un artículo sobre las revelaciones históricas del general O'Donnell.

En fin, diversos comentarios sobre España se encuentran diseminados en la correspondencia de Marx con Engels durante los años 1854-1856, en particular en las cartas de Marx del 3 de mayo de 1854, 2 de septiembre de 1854, 17 de octubre de 1854, 26 de octubre de 1854, 10 de noviembre de 1854 y 28 de julio de 1856.

De los escritos de Marx sobre España se hicieron posteriormente ediciones, algunas parciales y otras completas. La primera, en *Gesammelte Schriften von Karl Marx und Friedrich Engels 1852-1862*, Stuttgart, Dietz, 1917, con un breve comentario de Riazanov.

La primera edición en la lengua original (inglés) se encuentra en K. Marx y F. Engels, *Revolution in Spain*, Nueva York, International Publishers, 1939. Este libro contiene, además, escritos posteriores de Marx y Engels sobre España. Además, una introducción,

[2] Marx y Engels, *Werke*, Berlín, Dietz Verlag, 1962, Bd. 28, 711 pp.

[3] Cf. carta de Marx a Engels, del 10 de noviembre de 1854, *Werke*, Bd. 28. Para una descripción de los artículos, véase Rubel, *Bibliographie des oeuvres de Marx*, París, Marcel Rivière, 1956, 1960.

anónima, establece el paralelo de los acontecimientos de 1854-1856 con los de 1936-1939.

En España misma, se hicieron dos ediciones:

☐ Carlos Marx, *La revolución española*, Madrid, 1929. No se encuentran en ella más que los trabajos históricos (segunda categoría en nuestra clasificación). La traducción es de Andrés Nin, futuro fundador del Partido Obrero de Unificación Marxista (POUM).[4]

☐ K. Marx y F. Engels, *Revolución en España*, Barcelona, Ariel, trad. Manuel Entenza, 1960.* Se trata de una traducción de la edición norteamericana de 1939. En un prólogo, anónimo, se presentan algunas penetrantes observaciones metodológicas y se pasa revista a las menciones de los artículos de Marx en diversas historias contemporáneas de España.

¿Se deben considerar estas corresponsalías y artículos como el simple trabajo de un periodista que ha de ganarse la vida, o tienen una significación política y teórica, como expresión del pensamiento de Marx?

[4] Esta edición no tuvo gran repercusión en España. Uno de los raros historiadores que la mencionan es Ballesteros y Beretta, el cual la juzga en los siguientes términos: "En 1929, aparecieron en español los artículos que Carlos Marx había publicado en el *New York Tribune* sobre la revolución española. Fueron escritos a mediados del siglo pasado, y al referirse a los períodos de 1808-1814, 1820-1823 y 1840-1843, son, por sus consideraciones con frecuencia muy pertinentes, un precedente digno de interés para el estudio del movimiento revolucionario hispánico, ya que su autor había asistido a varias revoluciones europeas y su gran capacidad intelectual utilizaba sus conocimientos para confrontarlos con los acontecimientos españoles. Sin duda, no es necesario señalar que el criterio de Marx es extremadamente parcial. Sus revisiones históricas de los siglos anteriores contienen errores de consideración desde el punto de vista de los hechos". (A. Ballesteros y Beretta, *Historia de España y su influencia en la historia universal*, Barcelona, Salvat Editores, S. A., 1936, p. 99).

* En la tercera edición, fechada en 1970, prólogo, notas y traducción pertenecen a Manuel Sacristán. En trad. se cita por esta ed. [E.]

Cierto es que Marx trabajaba para el *NYDT* por necesidad económica; sin embargo, como él mismo ha dicho, no escribía, por lo general, "corresponsalías periodísticas en sentido estricto".[5] Sin duda, estos escritos son mucho más que una simple *descripción* superficial de los acontecimientos; comportan análisis políticos y sociales, ensayos históricos, pronósticos, generalizaciones teóricas, etc.

El interés de estos artículos y corresponsalías sobre España reside sobre todo en el hecho de que es una de las pocas obras de Marx dedicada a las condiciones y a las posibilidades de la revolución en un país atrasado, subdesarrollado, semifeudal.

Trataremos de demostrar cómo las tesis sugeridas por Marx, a propósito de los levantamientos de 1854-1856, arrojan una nueva luz sobre su pensamiento, subrayando, además, su sorprendente "modernidad" en relación con la problemática sociopolítica de lo que se ha convenido en llamar el "Tercer Mundo": golpes militares de Estado, guerra de guerrillas, papel de los campesinos, revolución burguesa o socialista, etc.

I. LA REVOLUCIÓN DE 1854

En junio de 1854 tuvo lugar en España un levantamiento militar bajo la dirección de los generales O'Donnell y Espartero, conocido con el nombre de "vicalvarada" (por el nombre del pueblo de Vicálvaro, lugar de la batalla entre los insurrectos y las tropas gubernamentales). La insurrección fue sostenida por el partido llamado "progresista", por grupos republicanos y democráticos, y por amplios estratos del pueblo, que levantó barricadas en Madrid y liberó a los presos políticos.

[5] F. Mehring, *K. Marx. Geschichte seines Lebens.*

Desde el punto de vista de los militares "había un peligro: los demócratas y el espíritu de clase que comenzaba a manifestarse entre los obreros. Ahora bien, éstos se hallaban armados y por ello la revolución iniciada por O'Donnell podría convertirse en una revolución social. [...] Espartero y O'Donnell decidieron coaligarse para salvar el Trono, impidiendo que los demócratas se impusieran, ya fuese por la violencia o por la vía legal".[6]

Pronto estalló el conflicto entre los generales y el pueblo. Bajo la protección de Espartero, la reina madre María Cristina huyó mientras la policía disolvía las juntas revolucionarias formadas por el pueblo.

Tales son los hechos que describe el "periodista" Marx en el *NYDT* de julio a septiembre de 1854.[7] El hilo conductor de las corresponsalías de Marx es precisamente la oposición entre los militares, dispuestos a la conciliación con el trono, mientras que el pueblo exigía transformaciones radicales.

Marx analiza primeramente el "manifiesto de Manzanares" del general O'Donnell, en el que éste se vio

[6] F. G. Bruguera, *Histoire contemporaine d'Espagne, 1789-1950*, París, Ophrys, p. 221. Cf. también Riazanov, "Die spanische Revolution" en *Gesammelte Schriften von K. Marx u. F. Engels, 1852 bis 1862*, Stuttgart, Dietz, 1920, p. 548, y B. Clarke, *Modern Spain 1815-1898*, Londres, Cambridge University Press, 1906, p. 238.

[7] Precisamente unos meses antes del comienzo de la revolución, Marx se interesaba por España: estudiaba español y leía, entre otros, a Calderón y el *Quijote* (cf. carta de Marx a Engels del 3 de mayo de 1854, *Werke*, 28, p. 356), que habría de mencionar más tarde en sus artículos y corresponsalías al *NYDT* (cf. Marx y Engels, *Revolution in Spain*, Nueva York, International Publishers, 1939, pp. 41, 52, 135). Estos estudios le permitieron leer la prensa española, como lo demuestran las numerosas citas de los periódicos *Las Cortes*, *La Gaceta de Madrid*, etc. Hemos de agregar que, en marzo de 1854, Marx sugería ya la eventualidad de un alzamiento en España, en una de sus corresponsalías para el *NYDT* (*Werke*, 10, p. 115).

forzado a proclamar principios contrarios a la hegemonía del ejército (convocatoria de las Cortes, formación de una milicia nacional, etc.). Marx extrae la conclusión de que "la insurrección militar no ha obtenido la ayuda de un movimiento popular sino a cambio de aceptar las condiciones de este último. Falta por ver si también será obligada a adherirse a ellos y a cumplir sus promesas". Marx subraya, por otra parte, "que los militares han estado lejos de tomar la iniciativa en todas partes y que en muchos lugares no han hecho más que ceder a las superiores presiones de la población".[8]

Después de la victoria de la insurrección, después de los cruentos sacrificios del pueblo en las barricadas, sobreviene el conflicto entre éste y los generales; desde el comienzo, los jefes de las barricadas fueron a casa de Espartero para exponerle sus objeciones en cuanto a la constitución del gobierno.

¿Cuál es el contenido político de este conflicto? Marx, en un artículo del 11 de agosto de 1854, demostraba que el pueblo español quería el sufragio universal, al que se oponían, en grados diversos, O'Donnell y Espartero. El pueblo se negaba a deponer las armas mientras el gobierno no hubiese publicado un nuevo programa, pues el de Manzanares no le parecía ya satisfactorio. El pueblo exigía, entre otras cosas, la anulación del Concordato clerical de 1851 con la Iglesia (Marx, por error, habla del "concordato de 1852"), la confiscación de los bienes de los contrarrevolucionarios y que se enjuiciara a la reina madre Cristina.[9]

Marx compara este conflicto entre los militares "moderados" y el pueblo radical con los acontecimientos de la revolución de 1848 en Francia. Al analizar las medidas fiscales reaccionarias del gobierno

[8] *Ibid.*, p. 97. [Ed. esp., pp. 30-31.]
[9] *Ibid.*, pp. 111, 112, 113. [Ed. esp., pp. 44-45.]

"revolucionario" de Espartero, Marx concluye: "Y así el nuevo gobierno popular se transforma finalmente en servidor de los grandes capitalistas y en opresor del pueblo. Exactamente del mismo modo se vio obligado el gobierno provisional francés de 1848 a tomar la célebre medida de los 45 céntimos y a confiscar los fondos de las Cajas de Ahorro para poder pagar a los capitalistas sus intereses".[10]

Esta observación de Marx es importante, porque no opone ya únicamente "militares" y "pueblo", sino también "capitalistas" y "pueblo", y porque coloca aparentemente a España al mismo "nivel" social y político que la Francia de 1848.

Sin embargo, al escribir "el pueblo", se limita a mencionar el papel de los grupos demócratas y republicanos, sobre todo en Madrid y Barcelona, sin suscitar la hipótesis de un "junio de 1848" en España.

Marx no hace mención de los *obreros* sino en las citas de la prensa reaccionaria. Habla una vez de trabajadores en Barcelona, fusilados por las nuevas autoridades "por haber destruido máquinas y atentado contra la propiedad". En otro lugar, cita el *Kölnische Zeitung* ("Las clases trabajadoras, influidas por los agitadores, están en un estado de constante excitación") y la *Indépendance Belge* ("Las manifestaciones ultracomunistas de Barcelona"). Pero en los tres casos pone en duda la veracidad de las informaciones, a causa de su fuente "impura".[11]

Esto nos conduce a la frase que puede ser considerada como el resumen de la concepción que se formaba Marx de la revolución de 1854 y de la situación de España en general: "La cuestión social, en el sentido moderno de la palabra, carece de base [*foundation*] en un país con sus recursos todavía no desarrollados y con una población tan reducida como la de España: únicamente 15 millones de habitantes".

[10] *Ibid.*, pp. 129-130. [Ed. esp., p. 60.]
[11] *Ibid.*, pp. 100, 135. [Ed. esp., p. 65.]

El segundo argumento empleado por Marx puede pasarse por alto: la población de Prusia, por ejemplo (donde, según Marx, la cuestión social estaba a la orden del día) era de unos 17 millones de habitantes, apenas más que la de España.

El primer argumento, en cambio, es importante: la "cuestión social" moderna (es decir, la lucha de clases de los trabajadores) no está "madura" en España, que es todavía un país subdesarrollado.

Veremos pronto que esta tesis no es, a los ojos de Marx, un dogma absoluto e infalible, sino una "hipótesis de trabajo", que está dispuesto a abandonar si no se encuentra confirmada por los hechos.

II. "REVOLUTIONARY SPAIN" (REVISTA HISTÓRICA)

Bajo el título de "España revolucionaria", Marx publicó en *NYDT* una serie de artículos de fondo sobre la historia de España, especialmente sobre los años 1808-1820. (El borrador de un artículo sobre la revolución de 1820-1823, que no fue publicado, se encuentra en el volumen 10 de la nueva edición alemana de las obras de Marx). El primer problema que se plantea, a propósito de estos artículos, es el de saber qué le movió a esta "mirada retrospectiva", por qué sintió la necesidad de este análisis histórico de las revoluciones en España. La respuesta de Marx es metodológicamente significativa: ve en la historia revolucionaria de España, en la de un pasado lejano y todavía más en la de los comienzos del siglo XIX, un "medio para la comprensión y enjuiciamiento de los acontecimientos que esa nación está ofreciendo a la contemplación del mundo".[13]

[13] *Ibid.*, p. 28. [Ed. esp., p. 77.] Existen cinco cuadernos de Marx que contienen notas sobre la historia española, ba-

Ya, en la primera serie de los artículos sobre la revolución de 1854, subrayaba Marx, a propósito del papel de Espartero, la importancia y la incidencia de los prejuicios del pasado sobre los hechos del presente, tema que se encuentra por otra parte en *El 18 Brumario de Luis Bonaparte.*

En la serie "España revolucionaria", explica que las raíces del regionalismo español se encuentran en el pasado, en la diversidad de las formas según las cuales se emanciparon las diferentes regiones de la dominación árabe para formar pequeñas entidades independientes. En cuanto a la causa de la influencia decisiva del ejército español en la vida política del país, hay que buscarla en el papel revolucionario de este ejército durante la guerra de liberación contra la invasión napoleónica.[14]

Marx ve, en suma, en el estudio histórico del pasado, a nivel de la "superestructura", un *instrumento metodológico decisivo,* no menos importante que el análisis de la base económica, para la comprensión y la explicación del presente.[15]

sadas en autores ingleses, franceses y españoles (*Werke,* 28, p. 711). En una carta a Engels, del 2 de septiembre de 1854, escribe Marx que su "estudio principal" lo constituía en aquel momento España (*Werke,* 28, p. 389).

[14] *Ibid.,* pp. 26, 55. [Ed. esp., p. 141.]

[15] Este aspecto metodológico ha sido advertido por la mayoría de los comentaristas de los artículos de Marx sobre España. Riazanov, por ejemplo, escribe: "La historia del desarrollo de la Constitución española de 1812 hecha por Marx demuestra, también, que su 'materialismo económico' no le impedía en modo alguno reconocer los rasgos específicos del proceso histórico en los diversos países, que pueden formarse y desarrollarse sobre una misma base económica, bajo la influencia de diversas circunstancias empíricas, de diversas condiciones naturales, y de relaciones raciales cristalizadas y de influencias históricas externas". (*Gesammelte Schriften...,* p. 551.)

El autor anónimo de la introducción a la edición española de 1960, subraya, a su vez, que los escritos sobre España evidencian "una importante diferencia entre el verdadero

Se encuentran en estos artículos históricos de Marx observaciones sobre un tema que ha vuelto a ser muy de actualidad: la guerra de guerrillas. Es, según todos los indicios, *el único recodo* en la obra de Marx en donde se refiere al asunto de las guerrillas.

La descripción que hace Marx de la guerrilla española contra la ocupación francesa suena de manera asombrosamente "moderna". De hecho, los rasgos puestos en evidencia por él (por ejemplo, la estrecha relación de las guerrillas con los campesinos) son características de las guerras de guerrillas en los países coloniales y semicoloniales del siglo XX.

Según Marx, las guerrillas "fueron además la base para que el pueblo se armara. Tan pronto como se ofrecía la oportunidad de una captura importante o se planeaba una empresa de envergadura, la parte más activa y audaz del pueblo se sumaba a las guerrillas. [...] Tan pronto concluía la empresa, cada cual tomaba su propio camino, y pronto se encontraban hombres armados en todas direcciones; los campesinos asociados a las guerrillas volvían tranquilamente a su ocupación habitual 'apenas había sido denunciada su ausencia'. Estaban cortadas las comunicaciones por todas las carreteras. Miles de enemigos estaban al acecho sin que ni uno solo pudiera ser descubierto. [...] Al mismo tiempo, no existían medios para combatir radicalmente ese tipo de resistencia. Los franceses se veían obligados a estar constantemente armados contra un enemigo que en cada momento huía y reaparecía, presente en todas partes y siempre invisible tras el telón de las montañas".[16]

método de Marx y la simplificadora imagen que suele darse en manuales y las polémicas al uso". Se ve claramente cuál es, para Marx, "la importancia del papel dialéctico de los elementos sobrestructurales —tradición, cultura, instituciones, política, religión— y su reversión sobre los elementos estructurales básicos de la vida social". (*Ibid*, pp. 13-14. [Ed. 1970, pp. 12-13].)

[16] *Ibid.*, p. 53. [Ed. esp., pp. 99-100.]

Agreguemos que Marx insiste sobre la importancia de los *campesinos* en todo movimiento revolucionario desencadenado en España, es decir, no sólo en la guerra contra la invasión extranjera, sino también en la lucha contra la reacción interna. En el último artículo histórico (que no fue publicado por el *NYDT*), Marx explica el fracaso de la revolución de 1820-1823 por la indiferencia y la pasividad del campo ante las luchas de partidos, puesto que el propio partido revolucionario no supo "cómo vincular los intereses de los campesinos al movimiento de las ciudades".[17]

III. "REVOLUTION IN SPAIN" (1856)

En el curso de los años 1854-1856, España fue teatro de una violenta agitación social. Hubo motines de mujeres en Zaragoza, y de campesinos en Valencia y en Castilla, a los gritos de "¡Abajo el gobierno!" y "¡Mueran los ricos!" Además, en junio de 1855, estalló en Barcelona la primera huelga general de España, que duró más de diez días, arrastrando a unos 40 000 obreros. Algunos patrones fueron muertos por los huelguistas y varios dirigentes obreros fusilados por las autoridades.[18]

Nos es difícil determinar con precisión si Marx fue informado acerca de estos hechos. De todos modos, de diciembre de 1854 hasta agosto de 1856, no se encuentra prácticamente ninguna mención de España en los artículos de Marx para el *NYDT*, o en su

[17] *Werke*, 10, p. 632.

[18] F. G. Bruguera, *op. cit.*, pp. 228-230; cf. también Eduardo Aunós Pérez, *Itinerario histórico de la España contemporánea (1808-1936)*, Barcelona, Bosch, 1940, p. 139. Este historiador franquista ve en los acontecimientos de aquella época el nacimiento, en España, del "monstruo de la subversión social" (p. 138).

correspondencia con Engels. Esto no significa necesariamente que ignorara los trastornos sociales de España, sino simplemente que su atención, como la del mundo entero, estaba dirigida a otros acontecimientos (la guerra de Crimea, especialmente).

En julio de 1856, el general O'Donnell provocó (con la complicidad de la reina Isabel) un golpe de estado contra Espartero y tomó el poder. Espartero se escondió, abandonando a sus partidarios. Las Cortes, después de un tímido intento de resistencia, se disolvieron *de facto*, y su presidente aconsejó a la milicia nacional (que se había alzado en Madrid contra el ejército) que se dispersara.[19] No quedaron en el campo de batalla más que los insurrectos de los barrios obreros —dirigidos por el líder popular (y ex torero) Pucheta— que lucharon hasta el fin.[20] Se produjeron también otros levantamientos en Barcelona, Gerona y Zaragoza, pero el 31 de julio O'Donnell era dueño del país y disolvía la milicia nacional.

Los dos artículos de Marx sobre los acontecimientos de julio de 1856 —bajo el título "The Revolution in Spain"— constituyen quizá la parte más significativa y más importante de sus escritos sobre España.

Al describir los hechos revolucionarios de Madrid, advierte Marx que, al principio, los "esparteristas" y, en general, los burgueses liberales se unieron al pueblo en la insurrección contra el golpe de Estado de O'Donnell. Sin embargo, desde el segundo día, la milicia nacional burguesa había "desaparecido completamente del escenario de la acción, dejando a los obreros todo el peso de la batalla". En otros términos, según Marx,

[19] Cf. Ballesteros, *op. cit.*, p. 56; B. Clarke, *op. cit.*, p. 250.

[20] "Pucheta trasplantó a las calles de Madrid la táctica guerrillera de las montañas de España. La dispersa insurrección plantó cara bajo cualquier arco de iglesia, en cualquier callejuela o en el hueco de una escalera, defendiéndose allí hasta la muerte." *Ibid.*, p. 151. [Ed. esp., p. 139.]

hubo dos batallas distintas durante los tres días de lucha en Madrid: "la una fue librada por la milicia liberal de las clases medias, apoyada por los obreros [*workmen*], contra el ejército; y la otra fue librada por el ejército contra los obreros abandonados por la milicia". Resumiendo el levantamiento de julio de 1856 en Madrid, Marx subraya: "los proletarios fueron traicionados y abandonados por la burguesía".[21]

La conclusión política que Marx saca de estos hechos es muy diferente de la de 1854:

"En 1856 no tenemos ya simplemente la corte y el ejército de un lado contra el pueblo del otro, sino que además tenemos *en las filas del pueblo las mismas divisiones que en el resto de la Europa occidental*".[22]

¿Qué significa esto? Parece evidente que a la luz de los conflictos sociopolíticos de junio de 1856 (y quizá de los trastornos sociales de 1855), Marx percibe ya en España los primeros signos de "la cuestión social en el sentido moderno del término".

Marx considera ahora la revolución en España no como un hecho marginal en el curso general de la historia europea, sino como un caso particular de las revoluciones democráticas de 1848, abortadas por la traición de la burguesía liberal: "[...] Espartero abandonó a las Cortes, las Cortes a los jefes, los jefes a la clase media y ésta al pueblo. Esto suministra una nueva ilustración del carácter de la mayoría de las luchas europeas de 1848-1849 y de las que tendrán lugar en adelante en la porción occidental del continente".[23]

A continuación, Marx traza un penetrante cuadro de la base social del bonapartismo y de las dictaduras militares, que permite explicar los rasgos comunes de los golpes de estado de O'Donnell y Luis Napoleón

[21] *Ibid.*, pp. 145, 146, 151. [Ed. esp., pp. 135, 140.]

[22] *Ibid.*, p. 144, subrayado por nosotros. [Ed. esp., p. 134.]

[23] *Ibid.*, p. 147. [Ed. esp., p. 136.]

(y a muchos otros en los países subdesarrollados en el siglo xx...):

"Existe por una parte la industria moderna y el comercio, cuyas cabezas naturales, las clases medias, son contrarias al despotismo militar; por otra parte, cuando empiezan su batalla contra ese despotismo, arrastran consigo a los obreros, producto de la moderna organización del trabajo, los cuales reclaman la parte que les corresponde del resultado de la victoria. Aterrados por las consecuencias de una tal alianza involuntariamente puesta sobre sus hombros, las clases medias retroceden hasta ponerse bajo las protectoras baterías del odiado despotismo".[24]

Marx termina este último párrafo de la primera corresponsalía con una frase que pone bien de manifiesto hasta qué punto los hechos de 1856 lo habían sorprendido, obligándolo a revisar sus presupuestos sobre la España "todavía no madura" y "carente de bases para la cuestión social": "El que esta lección haya ido a darse también en España es algo tan impresionante como inesperado".[25]

¿Cuál es el verdadero carácter de esta revolución de 1856 y qué es lo que la diferencia de las revoluciones españolas anteriores?

Comparándola con la insurrección de 1854, Marx advierte que existen bastantes rasgos distintos en los dos movimientos para indicar los inmensos progresos realizados por el pueblo español en tan breve período.

¿Cuáles son estos rasgos? La revolución de 1856 "se distingue de todas las que la han precedido por la ausencia de carácter dinástico alguno". Las jornadas de junio de 1856 fueron el doblar de las campanas por la monarquía en España: el pueblo se sublevó abiertamente contra la propia reina Isabel.[26]

Pero, agrega Marx, "en 1856 la revolución espa-

[24] *Ibid.* [Ed. fr., s.n.p.; ed. esp., p. 136.]
[25] *Ibid.*, p. 148. [Ed. esp., p. 137.]
[26] *Ibid.*, pp. 151-152. [Ed. esp., p. 140.]

ñola ha perdido no sólo su carácter dinástico, sino también su carácter militar". El ejército, que había encabezado todos los alzamientos en España, luchó esta vez contra la milicia y el pueblo: su misión revolucionaria había terminado.[27]

¿Se trata, pues, de una revolución *liberal-burguesa*? Según hemos visto, Marx subrayó la defección de la burguesía, que optó por refugiarse tras de las baterías protectoras del ejército.

El divorcio entre Espartero y la revolución de 1856 simboliza la ruptura con las luchas del pasado: "El hombre en el que se centraban los caracteres militar, dinástico y liberal burgués de la revolución española —Espartero— se ha hundido..." [28]

¿Cuál es, pues, el carácter de esta revolución? Marx sugiere que es una *etapa intermedia* hacia la revolución social "en el sentido moderno del término"; intermedia en la medida en que ya no es militar y burguesa, pero no todavía socialista. Es en este sentido en el que hay que interpretar la frase final del último artículo de Marx sobre España: "La nueva revolución europea hallará a España madura para cooperar con ella. Los años 1854 y 1856 fueron fases de transición por las que tuvo que pasar para llegar a esta madurez".[29]

Esta frase, particularmente significativa, nos muestra que Marx superó sus presuposiciones de 1854 sobre la inmadurez social de España. Para comprender esta nueva concepción y todas sus implicaciones, hemos de preguntarnos cuál era, en su opinión, el carácter de la próxima revolución europea y en qué plazo debería producirse ésta.

Una carta de Marx a Engels, aproximadamente de la misma época, nos informa acerca de su opinión sobre este punto: "En el continente [europeo] la revo-

[27] *Ibid.*, pp. 152, 154. [Ed. esp., pp. 141, 142.]
[28] *Ibid.*, p. 154. [Ed. esp., p. 142.]
[29] *Ibid.* [Ed. fr., s.n.p.; ed. esp., p. 142.]

lución es *inminente* y adoptará de inmediato un carácter *socialista*".[80]

Lo que nos interesa aquí no es la precisión o el error de este pronóstico, sino *su significación metodológica.* Si se compara esta observación con la frase citada más arriba, se llega necesariamente a estas conclusiones:

1] Marx creía que *España estaba bastante madura para participar en la revolución socialista inminente en Europa.*

2] Según Marx, esta madurez era el producto, no de un desarrollo económico e industrial, sino de una serie de hechos históricos a nivel politicosocial.

Las conclusiones teóricas *generales* que sugieren los artículos de Marx sobre España, representan, en el fondo, un esbozo de la "teoría de la revolución permanente":

I] La burguesía liberal de los países atrasados ya no es una clase revolucionaria. Prefiere someterse a una dictadura militar a correr el riesgo de desencadenar un movimiento popular que podría desbordarla.

II] En los países subdesarrollados, atrasados, semifeudales, la revolución socialista es posible después de un proceso de maduración politicosocial activa del pueblo trabajador.

En fin, la lección *metodológica* esencial que se desprende de estos escritos de Marx es que el proceso histórico se halla condicionado no sólo por la base económica, sino también por los hechos del pasado (sociales, políticos o militares) y por la praxis revolucionaria de los hombres en el presente.

80 Marx y Engels, *Ausgewählte Briefe*, Berlín, Dietz Verlag, 1953, p. 133 (carta del 8 de octubre de 1858), subrayado por nosotros.

CAPÍTULO III

EL HUMANISMO HISTORICISTA DE MARX O RELEER *EL CAPITAL*

> En *El capital,* Marx se presenta como el economista científico que analiza minuciosamente el carácter transitorio de las épocas sociales [...] El peso de este monumento de la inteligencia humana es tal que nos ha hecho olvidar frecuentemente el carácter humanista (en el mejor sentido de la palabra) de sus inquietudes. La mecánica de las relaciones de producción y su consecuencia, la lucha de clases, oculta en cierta medida el hecho objetivo de que son hombres los que se mueven en el ambiente histórico.[1]

Gramsci había definido el marxismo, con una fórmula en extremo feliz, como un *historicismo absoluto* y un *humanismo absoluto.* La lectura de *El capital* —a condición, naturalmente, de que se lea *lo que en él está escrito,* y no un supuesto "discurso silencioso", "reconstituido..." a pesar de la letra de Marx— confirma por completo esta definición.[2]

Hoy, la presentación de esta tesis debe ir precedida por una polémica con la escuela "antihumanista". Se trata de demostrar que la lectura "antihumanista" está en contradicción no sólo con las obras que Althusser ha relegado al purgatorio de la "ruptura" y de la "mutación" (*La ideología alemana, Miseria de la*

[1] Ernesto *Che* Guevara, "Sobre el sistema presupuestario de financiamiento", en *Obra revolucionaria,* México, Era, 1967, pp. 577-578.

[2] Cf. Louis Althusser, *Lire le Capital,* I, París, Maspero, 1965, p. 63. [Ed. esp., *Para leer El capital,* México, Siglo XXI, 1969, p. 57.]

filosofía, El 18 Brumario. . .), sino también con las que ha admitido en el paraíso científico donde se contempla eternamente la Verdad Positiva: *El capital.*

I. EL HUMANISMO EN "EL CAPITAL"

Ante todo habría que disipar un equívoco según el cual "el humanismo es una ideología burguesa", pues si el humanismo antes de Marx fue abstracto, burgués, etc., no significa de modo alguno que haya que renunciar a todo humanismo. El materialismo premarxista era mecánico, lo cual no impidió que Marx se declarara materialista. Lo mismo ocurre en cuanto a los términos "dialéctica", "socialista", etc.

Otro equívoco es el que identifica al humanismo con una "esencia humana" eterna. Ahora bien, una visión del mundo *no humanista* (el catolicismo de la Edad Media) reposaba sobre la idea de una "naturaleza humana" inalterable.

El humanismo aparece históricamente en el Renacimiento, en oposición a la ideología religiosa del hombre como "servidor de Dios". El humanismo de Marx denuncia la dominación de los hombres por las cosas en el modo de producción capitalista que él compara —sin identificarlo— con la alienación religiosa. Pero, en tanto que el humanismo premarxista que aparece con el desarrollo de la economía mercantil[3] es abstracto, "naturalista", individualista y *burgués*, el de Marx es materialista, sociológico, historicista, revolucionario, *proletario.*

Nos parece que los principales momentos del humanismo en *El capital* son:

[3] Cf. Michel Verret, *Théorie et politique,* París, Sociales, 1967, pp. 102-107.

1] el descubrimiento de las *relaciones entre los hombres* detrás de las categorías reificadas de la economía capitalista;

2] la crítica de la "inhumanidad" del capitalismo;

3] el socialismo como posibilidad objetiva de una sociedad en la que la producción se halla racionalmente controlada por los hombres.

Según la escuela "antihumanista", el marxismo debe "prescindir completamente de los *servicios teóricos* del concepto de hombre", puesto que los "conceptos a través de los cuales Marx piensa la realidad [...] no hacen intervenir ni una sola vez, como conceptos *teóricos*, los conceptos del hombre o del humanismo"; estos conceptos se remplazarían por los de fuerzas productivas, relaciones de producción, etc.[4]

Esto requiere varias observaciones:

I] El propio Althusser utiliza el concepto de "hombre" en sus escritos. ¿Se trata, entonces, de un concepto teórico, ideológico, o de una falta de rigor? Este concepto aparece a propósito de la "relación que el hombre tiene con la naturaleza".[5] ¿Se trata, simplemente de un *concepto teórico,* o de una "palabra-teóricamente-vacía-que-es-lo-lleno-de-la-ideología"?

II] Marx define precisamente los conceptos de "fuerzas productivas" y de "relación de producción", *haciendo intervenir el concepto de hombre.* Así, ¿qué es la fuerza de trabajo para Marx sino "el conjunto de las condiciones físicas y espirituales que se dan en la corporeidad, en la personalidad viviente de un hombre"? Y las relaciones de producción, "la forma fantasmagórica de una relación entre objetos materiales

[4] Louis Althusser, *Pour Marx,* París, Maspero, 1965, p. 255. [Ed. esp., *La revolución teórica de Marx,* México, Siglo XXI, 1967, pp. 202-203.]

[5] *Lire Le Capital,* II, p. 149. [Ed. esp., Siglo XXI, p. 188.]

[que] no es más que una relación social concreta establecida entre los mismos hombres".[6]

En la inmensa obra teórica de Marx, el único pasaje que puede presentar Althusser en apoyo de su tesis "antihumanista" es la siguiente frase de las *Glosas sobre Wagner*: "Mi método analítico no parte del hombre, sino del período social económicamente dado...", que Althusser pone como epígrafe del capítulo "Marxismo y humanismo".[7] El marxista checo J. Zeleny había advertido ya[8] que la traducción francesa, citada por Althusser, deforma el sentido del pasaje que dice: "meine *analytische* Methode, die nich von *dem* Mensch sondern der ökonomisch gegebnen Gesellschaftperiode ausgeht..." (subrayado por Marx);[9] en otros términos, Marx explica que él no parte *del* Hombre (el concepto abstracto de hombre), sino de los hombres que producen en una sociedad concreta, idea expresada, por otra parte, en la primera frase de la *Introducción general a la crítica de la economía política, 1857*: "Individuos que producen en sociedad, o sea la producción de los individuos socialmente determinada: éste es naturalmente el punto de partida". La lectura del texto completo de las *Glosas sobre Wagner* confirma rigurosamente esta interpretación. En él Marx opone *al* Hombre (*Der* Mensch) de Wagner ("aislado frente a la naturaleza"), "el hombre social" (gesellschaftlichen Menschen), "el hombre que se encuentra ya en una forma cualquiera de sociedad".[10]

[6] Marx, *Das Kapital*, I, en *Werke*, 23, Berlín, Dietz Verlag, 1968, pp. 181, 86. [Ed. esp., t. I, pp. 121, 38.]

[7] *Pour Marx*, p. 225. [Ed. esp., Siglo XXI, p. 182.]

[8] J. Żeleny, *Die Wissenschaftslogik bei Marx und Das Kapital*, Berlín, Akademie Verlag, 1968, pp. 290-291. [Ed. esp. de la *Introducción...*, Pasado y Presente, Córdoba, 1970, p. 3.]

[9] Marx, *Bandglossen zu Adolph Wagner...*, en *Werke*, 19, p. 371. [Ed. esp. en *El capital*, t. I, p. 720.]

[10] Marx, *Randglossen...*, *Werke*, 19, p. 362.

Unas cuantas palabras ahora sobre la tentativa de los "antihumanistas" para sustituir el concepto teórico de hombre (o sujeto humano) por el de "*soporte* de relaciones de producción". En primer lugar, el término empleado por Marx, "Träger", tiene más el significado de *portador* que el de "soporte", en el que hay una nota de pasividad. La imagen que emplea Marx en varias ocasiones es la de "portar o llevar una máscara" ("máscara económica característica"). Para forzar a Marx a devenir "antihumanista", habría que decir que los hombres *no son sino máscaras*; esto puede parecer absurdo, pero es precisamente lo que Balibar trata de hacer: "...los individuos precisamente *se adelantan enmascarados* ('el carácter económico de capitalista [*die ökonomische Charaktermaske des Kapitalisten*] sólo se asocia a un hombre en cuanto su dinero funciona constantemente como capital'): *ellos no son sino máscaras*".[11] Se trata evidentemente de un flagrante *non sequitur*, sin ninguna relación con la cita de Marx, el cual, justamente, distingue entre el hombre y la máscara. La verdad es que una de las críticas hechas por Marx a la *ideología burguesa* es su incapacidad de distinguir entre la máscara y lo que oculta: "Los agentes prácticos de la producción capitalista y sus charlatanes ideológicos son tan incapaces para arrancar a los *medios de producción* la máscara social antagónica que hoy los cubre como un esclavista para concebir al obrero como *tal obrero*, desligado de su carácter de esclavo".[12] Y podría añadirse: ¡el trabajador moderno de su máscara de esclavo asalariado que vende su fuerza de trabajo!

¿Hay en *El capital* un concepto de "naturaleza" o "esencia" humana? De hecho, se encuentra en él lo que podría llamarse más bien un concepto de "hom-

[11] Étienne Balibar, *Lire le Capital*, II, p. 271, subrayado en el texto. [Ed. esp., Siglo XXI, p. 292.]

[12] Marx, *Das Kapital*, I, en *Werke*, 23, p. 635. [Ed. esp., t. I, p. 513.]

bre en general", que pertenece, como el de "producción en general", a la esfera de lo que Marx designa con el término de "abstracción que tiene un sentido" [*verständige Abstraktion*].[13]

El concepto de "hombre en general" de *El capital* es el de un *animal social* que produce utilizando *instrumentos*, según un "proyecto", es decir, un *fin consciente* que preexiste idealmente en su imaginación, lo cual distingue al peor maestro de obras de la mejor abeja, etc.[14] ¿Significa esto acaso que exista una "naturaleza humana eterna"? No, puesto que Marx precisa en este mismo pasaje que "a la par que de ese modo actúa sobre la naturaleza exterior a él y la transforma, *transforma su propia naturaleza*".[15]

El concepto de "hombre en general", como el de "producción en general", no hace más que destacar *ciertos rasgos comunes* a todas las épocas de la vida social, hasta nuestros días. Su valor es, por lo tanto, limitado, (según Marx, la "abstracción que tiene un sentido" ofrece el mérito de que nos ahorra así una repetición". Cf. *Grundrisse*. . ., p. 7 [ed. esp., Siglo XXI, p. 5]) y no constituye en modo alguno el "fundamento" del humanismo marxista. En realidad, lo que interesa a Marx, no es tanto la "producción en general" o "el hombre en general", sino la producción en una época histórica determinada y los hombres concretos que viven y producen en una sociedad históricamente determinada.

[13] Cf. *Grundrisse der Kritik der Politischen Ökonomie*, Europäische Verlagsanstalt, p. 7. [Ed. esp., *Elementos fundamentales para la crítica de la economía política (borrador) 1857-1858*, México, Siglo XXI, 1971, p. 5.]

[14] *Werke*, 23, pp. 193, 346. [Ed. esp., pp. 130, 302.]

[15] *Werke*, 23, p. 192, subrayado por nosotros. [Ed esp., p. 130.]

1] *Descubrimiento del fetichismo*

En *El capital* Marx descubre las relaciones sociales entre los hombres detrás de las formas reificadas de la economía mercantil (valor, dinero, capital, etc.); demuestra cómo el trabajo humano asume la forma de una característica materializada de las cosas; cómo, en la forma de mercancía, una relación social determinada entre los hombres adopta la forma de una relación entre las cosas; cómo el propio capital "no es una cosa, sino una relación social entre personas a las que sirven de vehículo las cosas".[16] No es necesario aquí desarrollar esta problemática, analizada por numerosos autores marxistas, de Lukács a Mandel. Nos basta con destacar la dimensión *cognoscitiva* del humanismo de Marx, que le permite romper la "envoltura cosificada" del fetichismo capitalista para descubrir la esencia del fenómeno: las relaciones sociales entre los individuos, los productores, los hombres. El humanismo no es en *El capital* una simple "protesta moral": rasga el "velo místico" de la reificación, descifra el "jeroglífico" del valor, capta la realidad social (humana) oculta por la opacidad del mercado.

¿Cómo es posible afirmar, al leer estas páginas de *El capital*, que Marx "no hace intervenir *ni una sola vez* como concepto teórico" el concepto de hombre?[17] ¿O que la categoría de "cosa" es "la categoría *más extraña a Marx*"?[18]

Jacques Rancière ha intentado "traducir" el capítulo sobre el fetichismo de la mercancía en lenguaje "antihumanista". Escribe, por ejemplo: "Lo que adopta la forma de una cosa, no es el trabajo como acti-

[16] *Werke*, 23, pp. 86, 91, 793. [Ed. esp., t. I, pp. 38, 42, 651.]

[17] Althusser, *Pour Marx*, p. 255, subrayado por nosotros. [Ed. esp., Siglo XXI, p. 203.]

[18] *Ibid.*, p. 237, subrayado por nosotros. [Ed. esp., Siglo XXI, p. 191*n*.]

vidad de un sujeto, es el *carácter social del trabajo*". Esta afirmación nos parece plantear un falso dilema. El trabajo es la actividad de un sujeto, y esta actividad tiene un carácter social.[19] Por otra parte, Marx escribió *explícitamente* en *El capital* que "*el trabajo humano invertido* [verausgabte menschlichen Arbeit] adopta una forma cosificada".[20]

Más recientemente, Althusser, reconociendo, al parecer, la imposibilidad de una "lectura" no humanista del capítulo sobre el fetichismo, lo excomulgó finalmente por pecado de "influencia hegeliana", "flagrante" y "extremadamente perjudicial".[21] Por lo demás, no reconoce ahora como único texto sin "la sombra de un rastro de influencia humanista feuerbachiana o hegeliana" más que las *Glosas sobre Wagner*.[22] Ahora bien, se encuentra en este texto un pasaje que se refiere de manera completamente clara a la problemática del fetichismo: "... el objeto, el 'valor de uso', aparece como mera *materialización* del trabajo humano, como inversión de la misma fuerza humana de trabajo, por donde este contenido se representa como el carácter *material* de la cosa..." [23]

2] *Crítica de "la inhumanidad" del capitalismo*

La alienación. El capitalismo es un sistema "en que es el proceso de producción el que manda sobre el

[19] "Toda producción es apropiación por parte del individuo en el seno y por intermedio de una forma de sociedad determinada". Marx, *Introduction à la critique de l'économie politique*, París, Sociales, p. 153. [Ed. esp., Pasado y Presente, p. 7.] Cf. Rancière, *Lire le Capital*, I, p. 134.

[20] *Werke*, 23, p. 88, subrayado por nosotros. [Ed. esp., t. I, p. 39.]

[21] Althusser, *Avertissement* en Marx, *Le Capital*, libro I, París, Garnier, 1969, p. 22.

[22] *Ibid.*, p. 29.

[23] Marx, *Randglossen zu A. Wagner...*, en *Werke*, 19, p. 375. [Ed. esp., en *El capital*, I, p. 723.]

hombre, y no éste sobre el proceso de producción"; es "un régimen de producción en que el obrero existe para las necesidades de explotación de los valores ya creados, en vez de existir la riqueza material para las necesidades del desarrollo del obrero. Así como en las religiones vemos al hombre esclavizado por las crituras de su propio cerebro, en la producción capitalista le vemos esclavizado por los productos de su propio brazo". Marx demuestra cómo el comportamiento atomístico de los hombres en la economía mercantil tiene por resultado necesario la forma "alienada" [entfremdete], "autónoma" [verselbständigte] e independiente de su acción consciente que adoptan las relaciones sociales de producción, los medios de producción y los productos en general; gracias a la anarquía del mercado capitalista, el movimiento social de los hombres adopta la forma de un movimiento de cosas, que controla a los hombres en lugar de estar controlado por ellos.[24]

Sería conveniente distinguir entre la ilusión fetichista (ilusión que es, a la vez, una "forma de aparición necesaria") —según la cual, por ejemplo, el valor es una cualidad objetiva de los productos como cosas— y la realidad de la alienación, es decir, de la "autonomía" del mundo de las mercancías y de su dominio sobre los hombres. Por otra parte, lo que distingue radicalmente la alienación económica de la alienación religiosa es que esta última desaparece, una vez eliminada la ilusión del fetiche divino, mientras que la alienación económica no puede ser suprimida más que por la abolición del modo de producción capitalista.

En resumen, sobre el problema de la relación entre el concepto de alienación en los *Manuscritos de 1844* y *El capital* (que ha hecho correr ya mucha tinta), nos parece igualmente erróneo identificar los dos o negarles, por el contrario, toda relación; sobre todo,

[24] *Kapital,* I, *Werke,* 23, pp. 89, 95, 108, 455, 649; *Kapital,* III, *Werke,* 25, pp. 247, 838, etc. [Ed. esp., t. I, pp. 40, 45, 55, 362, 524; III, 236, 768, etc.]

nos parece falso pretender que el problema de la alienación ha "desaparecido" de *El capital* o no se encuentra en él más que en estado de "supervivencia terminológica". Sería preciso más bien estudiar la transformación del concepto, que tiene en Marx, en 1844, un carácter "antropológico" feuerbachiano ("la alienación de la esencia humana"), en tanto que en *El capital* deviene *historicizado.*[25]

La degradación física de los trabajadores. La degradación física de los proletarios por el capital —Vampiro, Moloch, Juggernaut que les roba el aire libre, el sol, el alimento, el sueño, la salud, la vida misma— es uno de los leitmotiv de *El capital.* En varios capítulos (cap. VIII, "La jornada de trabajo"; cap. XIII, "Maquinaria y gran industria"; cap. XXIII, "La ley general de la acumulación capitalista"), Marx analiza con una esmerada atención informes de médicos y de inspectores de fábrica que revelan la subalimentación, las enfermedades, las condiciones de vida y de trabajo degradantes, la muerte por exceso de trabajo, la miseria en sentido absoluto de los trabajadores en general, y de las mujeres y los niños en particular. Este análisis desemboca evidentemente en una apasionada condena del capitalismo como sistema de "dilapidación sin escrúpulo de la vida humana" y de su alquimia de la explotación, que no tiende más que a transformar "el sudor y la sangre de los hombres en mercancías".[26]

La degradación intelectual de los trabajadores. El capitalismo produce no sólo la miseria física del proletariado, sino también su esclavitud, su ignorancia, su embrutecimiento y su degradación moral. Le arrebata

[25] Cf. Ernest Mandel, *Formation de la pensée économique de K. Marx*, París, Maspero, 1967, p. 159. [Ed. esp., *La formación del pensamiento económico de Marx*, México, Siglo XXI, 1968, p. 186.]

[26] Marx, *Le capital*, Livre I, Garnier, 1969, pp. 339, 342.

el tiempo necesario para la educación, para el desarrollo intelectual, para las relaciones sociales. Debido a la división manufacturera del trabajo, trocea al hombre, lisia al trabajador, sacrificando sus múltiples capacidades y lo mutila hasta el punto de reducirlo a una parte de sí mismo: "Parcelar a un hombre, equivale a ejecutarlo, si merece la pena de muerte, o a asesinarlo si no la merece. La parcelación del trabajo es el asesinato de un pueblo".[27] El capital provoca la degradación de las relaciones familiares convirtiendo a los padres en mercaderes de sus propios hijos. En fin, transforma al obrero en engranaje de la máquina y en esclavo asalariado, sometido al despotismo mezquino de los propietarios.

Los valores morales de Marx. Es evidente que se trata aquí de una denuncia *moral* del capitalismo. Es preciso evitar con tal motivo dos asechanzas teóricas:

a] querer reducir *El capital* a un "grito ético contra el capitalismo" (tendencia representada por Rubel). En este caso, se pierde simplemente de vista lo que diferencia a Marx de los socialistas utópicos, los cuales también han criticado el capitalismo. El socialismo marxista es científico, *El capital* es una obra de ciencia.

b] porque *El capital* es una obra científica, negar su dimensión moral so pretexto de que "Marx no es un moralista", de que "la fuerza productiva humana es *objetivamente martirizada*", etc. (cf. Michel Verret, *op. cit.* p. 111).

La cuestión que se plantea es la siguiente: ¿en nombre de qué *valores* morales critica Marx el capitalismo? En primer lugar, los principales valores que sirven de fundamento ético a su denuncia son los valores humanistas "clásicos": la vida humana, la cultura, la justicia, la libertad, etc. Al parecer, o formalmente, son los mismos valores preconizados por el

[27] *Kapital,* I, *Werke,* 23, pp. 380-385, 674-675. [Ed. esp., t. I, pp. 296-301, 546-547.]

humanismo burgués; pero, por su contenido, tienen un sentido nuevo, un sentido revolucionario, *proletario.* Por ejemplo, la vida humana es un valor afirmado desde siempre por el humanismo burgués. Sin embargo, el humanista burgués típico no se interesa por la obrera muerta por exceso de trabajo de que habla Marx en el capítulo x de *El capital*; le parece ser la consecuencia (lamentable, indudablemente) de las "leyes naturales" de la economía, como la muerte causada por una caída es la consecuencia de la ley de la gravedad, contra la cual no podemos indignarnos. Lo mismo ocurre en cuanto al valor ("clásico", si lo hubo) de la *libertad.* Para el humanismo burgués, es la libertad del individuo como átomo aislado, lo cual significa, al nivel económico, el libre juego de las fuerzas del mercado. Para Marx, "libertad" significa esencialmente dos cosas:

- El desarrollo de las facultades humanas: desarrollo limitado, deformado y mutilado por la economía capitalista;
- el control racional y consciente de los hombres sobre la naturaleza, la producción y la vida social en general, lo que implica, naturalmente, la abolición del mercado capitalista.

En otros términos, la definición de estos valores, la perspectiva en la que los considera, su significación concreta, son radicalmente diferentes de los valores que preconiza el humanismo burgués individualista, porque Marx define los valores desde el *punto de vista del proletariado.*

Este punto de vista de *clase* domina en todo *El capital* y fundamenta la unidad dialéctica de la ciencia y de la crítica (político-moral); por ejemplo, el concepto central de la obra, la plusvalía, no tiene implicaciones morales para una ética burguesa, puesto que la venta de la fuerza de trabajo está realizada de acuerdo con todas las reglas del mercado, según un contrato "libre" y "justo". Es al considerar el problema desde el punto de vista del proletariado cuando Marx encuentra en la plusvalía la explicación-denuncia del mecanismo de la explotación de los trabajadores y de la injusticia profunda del capitalismo.[28]

3] *El socialismo*

El socialismo es para Marx la posibilidad objetiva de una sociedad en la que los valores humanos están realizados, una sociedad de "hombres libres", es decir, una sociedad en la que los hombres libremente asociados controlan, según un plan concebido de manera consciente, el proceso de la vida social.[29]

El modo de producción socialista es pues aquel que abole el fetichismo y la alienación, en el cual las relaciones de los hombres con los productos de su trabajo son *transparentes,* y en el que la producción está racionalmente planificada por la comunidad de los productores. Es también el modo de producción que permite a los hombres el desarrollo libre, pleno y "múltiple" [*Vollseitig*] de sus capacidades y, en su estadio superior —cuya condición primera es la reducción de la jornada de trabajo—, el desarrollo y el enriquecimiento de las facultades humanas como finalidad en sí.[30]

El socialismo no es para Marx la realización de una "esencia humana". El concepto de "hombre en general" es una "abstracción razonable" que no está "negada" por el capitalismo; no hace sino resumir determinados rasgos comunes a los hombres en todos los

[28] Con esta observación queremos señalar únicamente la dirección de una posible investigación sobre el problema complejo y contradictorio de la articulación entre "valores" y "ciencia" en Marx, problema que no nos parece que pueda ser resuelto dentro del marco de un enfoque neo-positivista.

[29] *Kapital,* I, *Werke,* 23, pp. 92-94. [Ed. esp., t. I, pp. 42-43.]

[30] *Kapital,* III, *Werke,* 25, p. 828. [Ed. esp., t. III, p. 759.]

modos de producción conocidos hasta ahora, *incluido el modo capitalista.* El socialismo no es, pues, la realización de una "naturaleza humana" eterna, sino la posibilidad de emergencia de un *hombre nuevo,* el hombre comunista, el hombre de la sociedad sin clases, el hombre del "reino de la libertad".

Si el socialismo es la forma de sociedad en la cual los hombres dominan el proceso de producción material, ¿cómo es posible comprenderlo y definirlo sin utilizar el *concepto teórico* de hombre? Althusser parece darse cuenta de este problema, puesto que, en medio de su artículo "antihumanista", habla de la sociedad socialista como aquella en la que "todo hombre tiene de ahora en adelante la posibilidad *objetiva de elección,* es decir, la difícil *tarea* de llegar a ser por sí mismo lo que es".[31] Ahora bien, ¿cómo todo hombre (¿"hombre"?) puede elegir, si no es *sujeto,* si no es más que "soporte", relaciones de producción que lo han "puesto en escena",[32] es decir, que han escogido ya para él?

II. EL HISTORICISMO DE "EL CAPITAL"

1] *Marx y la economía política clásica*

Según Marx, uno de los errores fundamentales [*Grundmängel*] de la economía política clásica es que *no vio* [*übersieht*] la relación entre la naturaleza (la mercancía) y la forma (el valor). ¿Por qué esta equivocación? Porque, responde Marx, la economía clásica, al descubrir (parcialmente) el contenido (trabajo) que se

[31] *Pour Marx,* p. 245. [Ed. esp., Siglo XXI, p. 198.]

[32] Cf. Althusser, *Lire le Capital,* II, p. 103. [Ed. esp., Siglo XXI, p. 152.]

oculta tras de la forma (valor), *no se le ha ocurrido preguntarse siquiera por qué este contenido reviste aquella forma.*[33] Por lo tanto, la diferencia entre Marx y los economistas burgueses no es una respuesta diferente a una misma pregunta, sino que Marx ha hecho una *pregunta nueva*. En otros términos, la diferencia entre ellos es una diferencia de *problemática*. Las *preguntas* hechas por los clásicos definen un "horizonte" en el que ciertos objetos no son "visibles", en el que ni siquiera existen como objetos; su *problemática* recorta un "campo de visibilidad".[34]

Pero no es esto todo. Se trata ahora de saber *por qué* los economistas burgueses no han hecho esta pregunta. No es, naturalmente, por falta de buena voluntad, de probidad científica o de inteligencia. La respuesta de Marx es clara y unívoca: porque, "trátase de fórmulas que llevan estampado en la frente su estigma de fórmulas de un régimen de sociedad en que es el proceso de producción el que manda sobre el hombre, y no éste sobre el proceso de producción, pero la conciencia burguesa de esa sociedad las considera como algo necesario por naturaleza, lógico y evidente como el propio trabajo productivo". En otros términos: *no ven* la *especificidad histórica* de las formas capitalistas porque las consideran como una "forma natural eterna de la producción social".[35]

Esta "marca sobre la frente" de las formas capitalistas es, al mismo tiempo, una "escritura sobre las paredes" (¡Mene, mene, tekel, ufarsin!) que anuncia que los días del capital están contados, que el modo de producción capitalista es histórico y transitorio como

[33] *Kapital*, I, *Werke*, 23, p. 95, subrayado por nosotros. [Ed. esp., t. I, p. 45.]

[34] Remitimos a los excelentes análisis de Althusser sobre el concepto de "problemática": *Lire le Capital*, I, pp. 26-29. [Ed. esp., Siglo XXI, pp. 23-26.]

[35] *Kapital*, I, *Werke*, 23 pp. 95-96. [Ed. esp., t. I, p. 45 y n.]

todos los modos de producción que lo precedieron. Por esto es "ilegible" para los economistas burgueses, para los cuales "no hay más que dos clases de instituciones: las artificiales y las naturales. Las instituciones del feudalismo son instituciones artificiales; las de la burguesía, naturales. En esto se parecen a los teólogos que clasifican también las religiones en dos categorías. Toda religión que no sea la suya propia, es invención humana; la suya, en cambio, revelación divina. Así, habrá podido existir una historia, pero ésta termina al llegar a nuestros días".[36]

A esto se debe que Ricardo *no plantee la cuestión* de la fuente de la plusvalía; ésta es para él inherente a una forma natural de producción. También porque considera la producción burguesa como "producción a secas" es por lo que *no puede pensar* en la posibilidad de la superproducción capitalista. En cuanto a Malthus, por ejemplo, *no ve* las causas verdaderas de la "superpoblación" (las leyes históricas de la producción capitalista), porque la atribuye a las leyes eternas de la Naturaleza, etc.[37]

No es casual que Marx, en el prefacio de *El capital*, defina su método *dialéctico* racional como "la cólera y el azote de la burguesía y de sus portavoces doctrinarios, *porque* en la inteligencia y explicación positiva de lo que existe abriga a la par la inteligencia de su *negación*, de su muerte forzosa; porque, *crítica* y *revolucionaria* por esencia, enfoca todas las formas actuales *en pleno movimiento*, sin omitir, por tanto, lo que tiene de *perecedero* y sin dejarse intimidar por nada".[38] Lo que significa concretamente, en *El capital*, captar

[36] Marx, *Misère de la Philosophie*, citado por él en *Das Kapital*, I, *Werke*, 23, p. 96 [Ed. esp., t. I, p. 46n.]

[37] *Kapital*, I, *Werke*, 23, pp. 539, 551. [Ed. esp., t. I, pp. 437-438, 442n.]; *Theories of surplus value*, II, Londres, L. & Wishart, 1969, p. 529.

[38] *Kapital*, I, *Werke*, 23, p. 28, subrayado por nosotros. [Ed. esp., t. I, p. XXIV.]

el carácter *específico, histórico,* "perecedero", limitado y contradictorio de las formas, leyes y relaciones de producción de la economía capitalista.

Y porque su materialismo es dialéctico-histórico es por lo que Marx condena formal y explícitamente en *El capital* ese "materialismo abstracto de los naturalistas (naturwissenchaftlichen) que deja a un lado el proceso histórico",[39] observación muy actual hoy en que corrientes neopositivistas tratan (de nuevo) de tender al marxismo en el lecho de Procusto del modelo metodológico de las ciencias naturales.

Aquí, en el corazón del método mismo, es donde se encuentra el *historicismo* de Marx. Hablar del carácter historicista de *El capital* no significa, pues, en modo alguno, pretender que *El capital* sea "la historia del capitalismo" o que el orden de desarrollo de las categorías en los tres libros está en relación con el orden de aparición histórico de dichas categorías. El historicismo se encuentra a un nivel mucho más "profundo" en la conceptualización teórica de *cada* categoría. Cada categoría del modo de producción capitalista está comprendida, analizada, definida y conceptualizada por Marx como *históricamente específica.* Negar este hecho, o su importancia metodológica *capital,* significa no comprender nada en cuanto a la diferencia entre la dialéctica revolucionaria de Marx y el método de los economistas burgueses.

Como los textos de Marx respecto de este punto son absolutamente explícitos y unívocos, les es imposible a Althusser y a sus colaboradores "interpretarlos" en un sentido estructuralista "antihistoricista". Están, por consiguiente, obligados a aventurar la curiosa tesis según la cual Marx *no comprendió* su relación con la economía clásica; que su "crítica declarada" a la economía política clásica (crítica de su carácter ahistórico, eternal, fijista) no pasa de ser "superficial y equívoca",

[39] *Kapital,* I, *Werke,* 23, p. 393. [Ed. esp., t. I, p. 303n.]

¡y no hace sino atestiguar "el inacabamiento teórico del juicio de Marx sobre sí mismo"![40] Según Rancière, la verdadera diferencia entre Marx y Ricardo no reside en el historicismo, sino en el hecho de que "sólo Marx llega a hacer un *sistema* en el sentido kantiano del término". (Cf. *Lire le Capital,* I, p. 181.)

Según Althusser, si la diferencia entre Marx y los clásicos fuese el carácter histórico de las categorías económicas, "Marx sería, entonces, Ricardo puesto en movimiento..., es decir, historizado", lo cual descansa sobre "una concepción de la dialéctica como método en sí, indiferente al contenido".[41] Es algo así como si Althusser escribiera que es falso decir que la principal diferencia entre los utopistas y Marx reside en el carácter científico del socialismo marxista, pues esto equivaldría a presentar a Marx como un "Fourier científico..." Afirmar el carácter historicista de Marx no conduce en modo alguno a presentarlo como "un Ricardo historizado": ¡si está historizado, ya no es Ricardo! Un "Ricardo historizado" es un ser milagroso tan difícil de encontrar como una virgen encinta, o ese animal terrible del que habla el folklore brasileño: "el asno sin cabeza que lanza llamas por las narices..." El historicismo afecta evidentemente el propio *contenido* de los conceptos. Los conceptos de Marx tienen una significación enteramente distinta de los de Ricardo, precisamente *porque* son historicistas.

2] *Los hombres y la historia*

Hemos visto que el reproche dirigido constantemente por Marx a los economistas burgueses es el de falsificar determinadas leyes *históricas* del capitalismo para con-

[40] Althusser, *Lire le Capital,* II, pp. 36-37. [Ed. esp., Siglo XXI, p. 102.]

[41] *Ibid.* [Ed. esp., Siglo XXI, p. 103.]

vertirlas en leyes *naturales*. Esto significa que para Marx existe una *diferencia fundamental* entre la Historia y la Naturaleza, la historia humana y la historia natural. ¿Cuál es esta diferencia? Marx responde a esta pregunta crucial con una frase luminosa (contra la cual van a deshacerse necesariamente todas las acometidas "antihistoricistas"): "Como dice Vico, la historia humana se distingue de la historia natural en que la una está hecha por el hombre y la otra no".[42]

Esta tesis tiene una importancia estratégicamente decisiva porque constituye el punto nodal en la teoría de Marx donde se encuentran *el humanismo* y *el historicismo*. El pensamiento de Marx es historicista *porque* es humanista; si Marx insiste tanto sobre la diferencia entre Naturaleza e Historia es porque, para él, los hombres son el "sujeto" de la historia (la hacen). Y su método es *revolucionario* precisamente porque es humanista-historicista: las relaciones de producción capitalistas no son del todo independientes de los hombres, eternas e inalterables como las leyes de la naturaleza, pues son *producidas* por los hombres[43] y pueden ser cambiadas por los hombres en una revolución. En fin, el método de Marx es historicista-revolucionario porque se sitúa *en el punto de vista del proletariado*, el único punto de vista social que permite captar este carácter transitorio del capitalista rebasando el "horizonte de las perspectivas" burguesas.

Decir que los hombres hacen la historia no significa, naturalmente, que la hagan según su "libre voluntad": "Los hombres hacen su propia historia, pero no la hacen a su libre arbitrio, bajo circunstancias elegidas

[42] *Kapital*, I, *Werke*, 23, p. 393. [Ed. esp., t. I, p. 303n.]

[43] "El señor Proudhon economista ha sabido ver muy bien que los hombres hacen el paño, el lienzo, la seda en el marco de relaciones de producción determinadas. Pero lo que no ha sabido ver es que estas relaciones sociales determinadas son producidas por los hombres lo mismo que el lienzo, el lino, etc.", Marx, *Misère de la Philosophie*, Sociales, París, 1947, p. 88. [Ed. esp., Buenos Aires, Siglo XXI, 1970, p. 90.]

por ellos mismos, sino bajo aquellas circunstancias con que se encuentran directamente, que existen y transmite el pasado".[44] La concepción marxista de la historia, que se opone a la vez al materialismo mecanicista y al idealismo voluntarista, es la de la relación dialéctica entre sujeto y objeto, entre el hombre y las "circunstancias", la actividad humana y las "condiciones dadas".[45]

La tesis dialéctica según la cual "los hombres hacen la historia" ha sido siempre uno de los puntos de ruptura teórica entre el marxismo revolucionario y el seudomarxismo mecanicista de los ideólogos "oficiales" de la II Internacional (Kautsky, Plejanov). No es casual que Lenin subrayara, en una polémica con Plejanov, la actitud de Marx hacia la Comuna de París: "Estima en el más alto grado el hecho de que la clase obrera hacía heroicamente, con abnegación e iniciativa, la historia del mundo. Marx consideraba la historia del mundo desde el punto de vista de los que *la hacen* sin tener la posibilidad de prever *infaliblemente* las posibilidades de éxito..."[46]

[44] Marx, *Le 18 Brumaire de Louis-Napoléon-Bonaparte*, París, Sociales, 1948, p. 173. [Ed. esp., Marx-Engels, *Obras escogidas*, Moscú, Progreso, 1966, t. I, p. 233.]

[45] Según Goldmann, el método de Marx se basa en el principio dialéctico de la circularidad del sujeto y del objeto, "círculo en cuyo interior es imposible elegir un comienzo como no sea relativo, y justificado únicamente por las razones pragmáticas de tal o cual investigación particular. Es inútil decir que sobre este punto el análisis de Marx, e igualmente el de Lukács y del marxismo dialéctico se encuentran en oposición rigurosa con todo materialismo mecanicista para el cual, como para Feuerbach, tal como lo leyó Marx al menos, las circunstancias —en este caso las relaciones de producción— constituyen un comienzo absoluto que no deja lugar alguno a la transformación de esas relaciones por la actividad de los hombres". L. Goldmann, "L'idéologie allemande", en *L'homme et la société*, París, núm. 7, 1968, p. 48.

[46] Lenin, *Préface aux lettres de Marx a Kugelmann*, en *Marx, Engels, Marxisme*, Moscú, p. 206.

Althusser rechaza la idea según la cual los hombres serían el sujeto de la historia; para él los hombres no son otra cosa que "soportes de relaciones de producción", y las relaciones de producción no pueden ser pensadas bajo la categoría de sujeto.[47] Ahora bien, lo que desaparece del campo de visibilidad de esta teoría es precisamente la *revolución*. Si los hombres no son otra cosa que "soportes de relaciones de producción", ¿cómo pueden un buen día *transformar* estas relaciones de producción? Si "no son otra cosa que máscaras" (Balibar), ¿cómo pueden quitarse la máscara de la esclavitud asalariada? En la concepción "antihumanista" no hay lugar para la revolución, sobre todo para la revolución socialista, en la que el proletariado, sujeto de la historia, se alza (bajo la dirección de su partido) para romper las relaciones de producción antiguas y crear concienzudamente, racionalmente, otras nuevas.

Hay que decir que este problema de la historia hecha por los hombres es el lugar de contradicciones flagrantes en Althusser. En un texto sobre Lenin escribe que "no son los *hombres* quienes hacen la historia, sino las masas..."[48] Esto exige algunas observaciones:

a] ¿qué son "las masas", sino *hombres*?

b] habitualmente, se habla de las "masas" (término vago y poco riguroso) por oposición, bien sea a las clases dominantes, ya a los dirigentes y partidos de las clases dominadas. En ambos casos es falso, o al menos insuficiente, escribir que "las masas hacen la historia". En el primer caso, la historia está hecha también por las clases dominantes, los explotadores, los gobiernos, etc. En el segundo, oponer las masas a los dirigentes y proclamar que "las masas hacen la historia", sería caer en el puro espontaneísmo.

[47] Althusser, *Lire le Capital*, II, pp. 102, 157. [Ed. esp., pp. 152, 194-5.]

[48] Althusser, *Lenin et la philosophie*, París, Maspero, 1969, p. 57. [Hay ed. esp.]

Pero lo más interesante es que en este último texto, Althusser nos informa de que "Marx no dejaba de reconocer una deuda importante respecto de Hegel: la de haber sido el primero que concibió la historia como un 'proceso sin sujeto'." [49]

Lo cual nos conduce a hacer dos preguntas bastante inocentes:

1] ¿dónde escribió eso Marx?

2] si "las masas hacen la historia", ¿cómo puede ser la historia "un proceso sin sujeto"?

III. SIGNIFICACIÓN POLÍTICA DEL HUMANISMO MARXISTA ACTUAL

Althusser parece ver el humanismo marxista de hoy como un tema "bastante tranquilizador y atractivo", que hace posible el diálogo entre los comunistas y los socialdemócratas, o incluso "una especie de coincidencia" entre el humanismo liberal burgués o cristiano y el humanismo socialista. El desarrollo de los temas de este humanismo socialista está, según él, fundado "sobre las nuevas condiciones existentes en la Unión Soviética, sobre el fin de la dictadura del proletariado, y sobre el paso al comunismo".[50]

Dejemos provisionalmente a un lado el carácter dudoso y políticamente discutible de los temas sobre "el fin de la dictadura del proletariado" en la Unión Soviética. Lo que hay que subrayar es que al lado de cierto "humanismo socialista", vinculado efectivamente a la "liberación" en la URSS, cuyos defensores son antiguos stalinistas (sinceramente) arrepentidos (Ga-

[49] Althusser, *Avertissement*, en Marx, *Le Capital*, París, Garnier, 1969, p. 21.

[50] Althusser, *Pour Marx*, pp. 227, 228, 243. [Ed. esp., Siglo XXI, pp. 196, 197, 201.]

raudy, Schaff, etc.), que permite el diálogo "con los hombres de buena voluntad" que rechazan la guerra y la miseria,[51] existe un humanismo marxista *muy diferente*, el cual no es "tranquilizador" en absoluto y que preconiza menos el "diálogo" que la *guerra revolucionaria* del pueblo contra el imperialismo y el capitalismo. Es el humanismo que se expresa, por ejemplo, en ciertos escritos de Mao Tse-tung cuando dice que "el factor decisivo es el hombre, y no las cosas. La relación de fuerzas se determina no sólo por la relación de las potencias militares y económicas, sino también por la relación de los recursos humanos y de las fuerzas morales. Es el hombre quien dispone de las fuerzas militares y económicas".[52]

Es también el humanismo marxista que aparece en todos los escritos de Guevara, para el cual "la última y más importante ambición revolucionaria... es ver al hombre liberado de su enajenación" y que subraya repetidas veces que "el hombre es el actor consciente de la historia. Sin esta *conciencia*, que engloba la de su ser social, no puede haber comunismo".[53]

[51] *Pour Marx*, p. 227. [Ed. esp., Siglo XXI, p. 197.]

[52] *Citations du Président Mao Tse-tung*, Pekín, 1966, pp. 156-157. [Ed. esp., p. 145.] Véase también un interesante artículo anónimo, publicado en China en 1964, bajo el título "A propósito de la prioridad del factor humano", en el que se lee que "siempre que se trata de las relaciones entre el hombre y las cosas, el factor decisivo es el hombre y no las cosas. Este es un punto de vista fundamental del marxismo-leninismo". La concepción burguesa materialista mecanicista niega esto, pero "todo trabajador que acepte la influencia de la concepción burguesa del mundo se desarmará inevitablemente desde un punto de vista moral y se convertirá en un filisteo invertebrado, privado de voluntad y de facultad de actuar", cf. *Pekín Informa*, 16 de noviembre de 1964, pp. 21-25. Pero la actual política exterior de China parece bastante alejada de estos principios...

[53] Ernesto Che Guevara, *Obra revolucionaria*, México, Era, 1968, pp. 633 y 578.

Un ejemplo que ilustra las *consecuencias políticas concretas* que puede tener el debate sobre el humanismo historicista es la discusión que se desarrolló en Cuba en 1963-64 entre el Che Guevara y Ernest Mandel de un lado, y el comandante Alberto Mora y Charles Bettelheim de otro. La discusión giraba, al principio, en torno a problemas económicos prácticos: financiación presupuestaria central o autonomía financiera de las empresas; "estímulos morales" o "estímulos materiales"; plan riguroso o utilización del mercado, etc. Pero había también un eje teórico: el papel de la ley del valor en una economía socialista de transición. Mientras que para Guevara y Mandel la ley del valor podía ser progresivamente abolida por la *intervención consciente de los hombres*, es decir, por la planificación socialista, para Bettelheim (que es hoy un estructuralista "antihumanista") la ley del valor era una "ley objetiva" de las sociedades de transición que no desaparecerá sino en el comunismo, gracias al desarrollo de las fuerzas productivas.

La posición de Bettelheim (cuyos méritos como economista marxista, así como la ayuda aportada a la Revolución cubana no queremos en modo alguno negar) era en el fondo la de Stalin, para quien la ley del valor constituía una "ley objetiva" inexorable de la sociedad socialista.[54]

[54] Según Stalin, "el marxismo concibe las leyes de la ciencia —ya se trate de las leyes de la naturaleza o de las de la economía política— como el reflejo de los procesos objetivos que se operan independientemente de la voluntad humana. Estas leyes es posible descubrirlas, conocerlas, estudiarlas, tenerlas en cuenta para sus acciones, explotarlas en interés de la sociedad, pero lo que no se puede es modificarlas o abolirlas", *Problèmes économiques du socialisme en URSS*, París, Norman Béthune, p. 4. Stalin, precursor genial del antihistoricismo contemporáneo, identifica pura y simplemente la ciencia natural y la economía política, las leyes de la naturaleza y las leyes económicas históricamente determinadas, es decir, que vuelve de Marx a la economía política clásica.

Guevara, en cambio, subrayaba que se debía atribuir a la planificación "mucho mayor poder de decisión consciente" que el que Bettelheim le concedía porque, en su opinión, "la ley del valor y el plan son dos términos ligados por una contradicción y su solución; podemos, pues, decir que la planificación centralizada es el modo de ser de la sociedad socialista, su categoría definitoria y el punto en que la conciencia del hombre alcanza, por fin, a sintetizar y dirigir la economía hacia su meta, la plena liberación del ser humano en el marco de la sociedad comunista".[55]

[55] Che Guevara, *Obra revolucionaria*, México, Era, 1968, pp. 610, 609. Cf. también E. Mandel, *Le grand débat économique* en *Partisans*, núm. 37: *Cuba et le castrisme en A. latine*, 1967, p. 30: "Los que discuten que la 'ley del valor' siga regulando la producción directa o indirectamente, en la época de transición del capitalismo al socialismo, no niegan que las categorías mercantiles sobreviven inevitablemente a esta época... Pero comprenden el carácter fundamentalmente contradictorio entre el mercado y el plan, y conceden así un amplio lugar al establecimiento de precios administrados en numerosos dominios, ya sea para asegurar el desarrollo de determinados servicios sociales por prioridad o para asegurar determinados imperativos de desarrollo económico nacional".

SEGUNDA PARTE

ROSA LUXEMBURG

CAPÍTULO IV

EL MARXISMO REVOLUCIONARIO DE ROSA LUXEMBURG

> Desde el punto de vista metodológico, los escritos de Rosa Luxemburg representan, sin duda, lo mejor que se ha escrito en defensa del marxismo.
>
> KARL RADEK, 1921

> Rosa Luxemburg es la cabeza más genial entre los herederos científicos de Marx y Engels.
>
> FRANZ MEHRING, 1907

¿Era marxista Rosa Luxemburg? Se sabe, en efecto, que "revisó" varias tesis concretas prohibidas por Marx y Engels: sobre la independencia de Polonia, sobre la acumulación del capital, etc. Pero, paradójicamente, es uno de los discípulos de Marx en el siglo XX que fue más fiel a su *método*. Es porque para ella, precisamente, el marxismo no era una Summa Teológica, un conjunto petrificado de dogmas, un sistema de verdades eternas establecidas de una vez para siempre, una serie de proclamas pontificales marcadas con el sello de la infabilidad; pero sí, contrariamente, un *método vivo* que debe ser constantemente desarrollado para aprehender el proceso histórico concreto.[1]

[1] "La esencia del marxismo no consiste en una u otra opinión sobre problemas corrientes, sino únicamente en la historia...y el análisis del desarrollo de la economía capitalista..., que es a su vez una genial aplicación de la dialéctica y del materialismo histórico a la época de la economía burguesa. El alma de toda la doctrina de Marx es el método dialéctico-materialista de examinar los problemas de la vida social, método para el cual no existen fenómenos, principios

Mientras que la mayoría de los "marxistas" de su época trataban de "mejorar", "enriquecer", "complementar" o "ayudar" el pensamiento de Marx por extraños matrimonios con Darwin (Kautsky), el materialismo mecánico (Plejanov), el positivismo "ciencianaturalista" (Bujarin) o Kant (K. Eisner, Vorlander, Max Adler) —matrimonios contra natura cuyo producto era siempre intelectualmente espurio—, Rosa Luxemburg utilizaba, como instrumento de análisis y arma de combate, una dialéctica materialista auténticamente marxista.

Rosa Luxemburg no era "filósofo" y en vano se buscaría en sus escritos un tratado de metodología; su método hay que entresacarlo del conjunto de su práctica teórica, hay que buscarlo de plano en sus trabajos políticos y económicos. En las breves observaciones que siguen queremos llamar la atención sobre tres aspectos particularmente significativos de la dialéctica marxista en Rosa Luxemburg: la ciencia revolucionaria, la categoría de la totalidad y la teoría de la praxis.

I. LA CIENCIA REVOLUCIONARIA

El pensamiento "marxista" y/o revisionista de fines del siglo pasado y comienzos de éste, estaba caracterizado por un desgarramiento entre el cientificismo positivista y el moralismo neokantiano. Estas dos tendencias, en apariencia contradictorias, no eran sino mutuamente complementarias. La complementariedad perfecta entre Comte y Kant aparece de manera luminosa en el pensamiento de Bernstein. Para él, la ciencia debe ser

o dogmas constantes e inmutables..." Prefacio a "La question polonaise et le mouvement socialiste", 1905, en Rosa Luxemburg, *Scritti politici*, Roma, Riuniti, 1967, p. 265.

empírica, neutra, fundada sobre "hechos" bien delimitados, en una palabra, "positiva". "Mi manera de pensar más bien me habría predispuesto a la filosofía y a la sociología positivistas", confiesa con su franqueza habitual en su autobiografía de 1924.[2] La moral, en cambio, es ideal, pura, absoluta, eterna, en una palabra, kantiana. "Necesita la socialdemocracia un Kant que haga, en fin, el proceso de la doctrina tradicional" que se caracteriza por su "desprecio del ideal", escribe Bernstein en el último capítulo de las *Présuppositions du socialisme et les tâches de la social-démocratie* (1899).

La pretendida separación entre "juicios de hecho" y "juicios de valor" conduce necesariamente al dualismo en el que una ciencia social (a suponer) "moralmente neutra" tiene por pareja una moral "pura" y "sin ligaduras". Ahora bien, tal proceso comtiano/kantiano rompe la unidad dialéctica que había forjado Marx, unidad conceptualizada en el término *socialismo científico.* Uno de los más importantes (e ignorados) elementos metodológicos en el brillante libelo de Rosa Luxemburg contra Bernstein es el restablecimiento de la síntesis marxista entre ciencia y revolución. Su punto de partida es metodológico. Mientras exista una sociedad de clases, no hay ciencia social (o doctrina moral) "neutra": "[Bernstein] piensa que tuvo éxito en expresar la ciencia abstracta, general, humana, el liberalismo abstracto, la moralidad abs-

[2] *Entwicklungsgang eines Sozialisten,* Leipzig, F. Meiner, 1924, t. I, p. 40. Cf. Pierre Angel, *E. Bernstein et l'évolution du socialisme allemand,* París, Didier, 1961, pp. 194, 206: "Empirista, su método se aplica a cada hecho, a cada estadística y separa unas de otras las ciencias humanas cuya síntesis intenta el marxismo. Parte de los efectos más que de las causas, de las partes y no del todo, del aspecto de las cosas más que de su esencia. El rebelde (Bernstein) quiere mantenerse sobre el terreno de los hechos mientras que sus adversarios ven en las tendencias de la evolución general una realidad más profunda que en los fenómenos aislados".

tracta. Pero ya que la sociedad está en realidad compuesta de clases y estas clases tienen intereses, aspiraciones y concepciones diametralmente opuestas, una ciencia general humana en problemas sociales, un liberalismo abstracto, una moralidad abstracta, son en el presente ilusiones, utopía pura".[3]

A continuación, en un texto capital, Rosa Luxemburg demuestra que es *precisamente porque Marx se situaba en una perspectiva revolucionaria por lo que pudo ser científico*; que, gracias a su "punto de vista" revolucionario, pudo *ver* lo que era "invisible" para la economía política burguesa: "El secreto de la teoría del valor en Marx, de su análisis del problema del dinero, de su teoría del capital, de la teoría de la tasa de beneficio, y consecuentemente del completo sistema económico de hoy es descubierto en el carácter transitorio de la economía capitalista, en la inevitabilidad de su colapso, que conduce —y éste es sólo otro aspecto del mismo fenómeno— al socialismo. Solamente porque Marx vio al capitalismo desde el punto de vista socialista, es decir, *desde el punto de vista histórico*, pudo desentrañar los jeroglíficos de la economía capitalista. Y es precisamente porque tomó el punto de vista socialista como el punto de partida para su análisis de la sociedad burguesa, por lo que pudo dar una base científica al socialista".[4] Para Rosa, como para Marx, socialismo científico y ciencia socialista no son más que dos momentos de un mismo proceso: el de la actividad revolucionaria crítico-práctica. La "postura" (en sentido amplio) revolucionaria era para ella no un obstáculo al análisis científico de la realidad

[3] Rosa Luxemburg, *Réforme ou révolution?* (1899), París, Spartacus, 1947, p. 75. [Ed. esp., *Reforma o revolución*, México, Grijalbo, 1967, p. 101.]

[4] Rosa Luxemburg, *op cit.*, p. 55, el subrayado es nuestro, M. L. Este texto contiene también una referencia "historicista" sobre la cual volveremos más adelante. [Ed. esp., pp. 69-70.]

sino, muy al contrario, una condición epistemológicamente necesaria (¡pero, como es natural, no suficiente!) de éste.

II. LA CATEGORÍA DE LA TOTALIDAD

Lukács ha escrito en el prefacio de su *Historia y conciencia de clase* que Rosa Luxemburg es "la única discípula de Marx que ha desarrollado ulteriormente la obra de la vida de éste tanto en el sentido *económico-material* cuanto en el *económico-metódico...*[5] En el plano del método, que es el que nos interesa aquí, esto significa, en primer lugar, que Rosa Luxemburg se sitúa *en el punto de vista de la totalidad*, el cual distingue (según Lukács), de manera decisiva, al marxismo de la ciencia burguesa. La categoría de totalidad en el sentido muy preciso de "dominio omnilateral y determinante del todo sobre las partes" constituye la esencia del método de Marx que vuelve a encontrarse en Rosa Luxemburg.[6]

En efecto, el núcleo metodológico de la crítica de la ciencia empirista de Bernstein por Rosa Luxemburg es precisamente el de la ausencia de la totalidad: "La teoría [de la adaptación capitalista] no ve estas manifestaciones de la vida económica contemporánea [el crédito, los cárteles], tal y como aparecen en sus relaciones orgánicas con la totalidad del desarrollo capitalista, con el completo mecanismo económico del capitalismo. Su teoría aparta estos detalles del contenido de la vida económica. Los trata *disjecta membra* (partes separadas) de una máquina sin vida".[7]

[5] Georg Lukács, *Historie et conscience de classe*, París, Minuit, 1960, p. 10. [Ed. esp., *Historia y conciencia de clase*, México, Grijalbo, 1969, p. XLIV.]

[6] Lukács, "Rosa Luxemburg, marxiste", en *op. cit.*, pp. 47-48. [Ed. esp., p. 29.]

[7] *Réforme ou révolution*, p. 46. [Ed. esp., pp. 55-56.]

En su notable introducción a la edición italiana de las obras de Rosa Luxemburg, Lelio Basso desarrolla las palabras de Lukács y demuestra cómo "el objeto final" es para ella precisamente la *relación con la totalidad* (la totalidad de la sociedad como proceso histórico) por la cual tan sólo cada momento parcial de la lucha adquiere su significación revolucionaria.[8]

Es desde el punto de vista de la totalidad como Rosa Luxemburg rechaza categóricamente las turbias negociaciones con el gobierno del Kaiser, propuestas por los revisionistas Heine y Schippel: voto de los créditos militares a cambio de concesiones en el terreno de la política social, apoyo del militarismo como fuente de nuevos empleos para los obreros, etc.; seudoventajas parciales que no pueden ser juzgadas "en sí mismas", aisladamente, sino en relación con el movimiento total, y que revelan bajo esta luz su verdadero carácter de fortalecimiento de la fuerza militar reaccionaria que habría de oponerse a los obreros en su lucha revolucionaria.[9]

La totalidad, como fundamento metodológico de los escritos económicos y políticos de Rosa Luxemburg, no es una totalidad idealista, "expresiva", cuyas partes

[8] En su folleto sobre la huelga general, Rosa Luxemburg subraya que "la lucha parlamentaria es a la política socialista como una parte es al todo, exactamente igual que el trabajo sindical", *Grève générale, parti et syndicats* (1906), París, Spartacus, 1947, p. 70. [Ed. esp., *Huelga de masas, partido y sindicatos*, Córdoba, Pasado y Presente, 1970, p. 112.] Lelio Basso, introducción en Rosa Luxemburg, *Scritti politici*, pp. 26-37.

[9] Hay que comparar el luminoso análisis de Basso con la incomprensión total de un biógrafo universitario de Rosa Luxemburg, J. P. Nettl, que no ve en la crítica del militarismo y de Schippel otra cosa que un ejercicio "árido y formal" que se supone condenaría a los obreros al paro —el cual sería para Rosa "un estimulante necesario a la lucha de clases"—. Cf. J. P. Nettl, *Rosa Luxemburg*, Oxford University Press, Londres, 1966, t. I, pp. 216-217. [Ed. esp., México, Era, 1974.]

manifiesten una "esencia" espiritual. Como para Marx, la totalidad es para Rosa concreta y *estructurada*; estructurada en el sentido muy preciso de que las relaciones ocultas e invisibles entre los elementos del todo constituyen leyes de totalidad distintas de las propiedades de los elementos.[10]

En un pasaje dedicado al método de la economía marxista, en *La acumulación del capital*, Rosa Luxemburg subrayaba: "Incluso en la complejidad de la competencia, incluso en la anarquía general, existen evidentemente leyes invisibles pero rigurosas; de lo contrario, la sociedad capitalista estaría ya en pedazos. Todo el sentido de la economía como ciencia y, en particular, el objeto consciente de la doctrina económica marxista, es la determinación de las leyes ocultas que condicionan el orden y la unidad del complejo social entre la confusión de las economías privadas".[11]

Por otra parte, la estructura de la totalidad es siempre, para Rosa Luxemburg, una estructura *histórica.* El historicismo radical del método marxista resalta con una claridad particular en su crítica de Bernstein, el cual presenta estadísticas económicas comparadas de diferentes países en el mismo período, pero jamás de *diferentes períodos* en cada país, y que no capta, por consiguiente, más que la relación absoluta de las fuerzas en un momento dado y, en modo alguno, *la tendencia del desarrollo histórico.* La comprensión de las leyes ocultas del todo en su historicidad —el estructuralismo histórico— es la esencia metodológica del marxismo, como lo demuestra Rosa Luxemburg en un texto extraordinario (del cual hemos mencionado un párrafo con motivo de la ciencia revolucionaria): "¿Qué llave fue la que capacitó a Marx para abrir la puerta de los secretos de los fenómenos capi-

[10] Cf. J. Piaget, "Genèse et structure en psychologie", en *Entretiens sur les notions de genèse et structure*, París, Mouton et Co., 1965, p. 37.

[11] En L. Basso, *op cit.*, p. 54.

talistas y resolver, como jugando, problemas que no eran aún sospechados por las mentes más esclarecidas de la clásica economía política burguesa? Fue su concepción de la economía capitalista como fenómeno histórico, no meramente en el sentido reconocido en el mejor de los casos por los economistas clásicos, es decir, por lo que hace al pasado feudal del capitalismo sino también en cuanto concierne al futuro socialista del mundo. El secreto de la teoría del valor de Marx, de su análisis del problema del dinero, de su teoría del capital, de la teoría de la tasa de beneficio, y consecuentemente del completo sistema económico de hoy es descubierto en el carácter transitorio de la economía capitalista, en la inevitabilidad de su colapso, que conduce —y éste es sólo otro aspecto del mismo fenómeno— al socialismo. Solamente porque Marx vio al capitalismo desde el punto de vista socialista, es decir, desde el punto de vista histórico, pudo desentrañar los jeroglíficos de la economía capitalista".[12]

Para Rosa Luxemburg, la referencia a la totalidad es siempre la referencia al *proceso histórico*; no hay para ella estructura petrificada e inmóvil: se niega a absolutizar y reificar la estabilidad relativa de las articulaciones del todo. Sus obras económicas contienen una dimensión histórica, no como "material ilustrativo", sino como condición metodológica de la comprensión y la explicación de la realidad. Casi la mitad de los capítulos de su *Introducción a la economía po-*

[12] *Réforme ou révolution?*, p. 55. [Ed. esp., pp. 69-70.] Empleamos la expresión "estructuralismo histórico" para designar lo que Goldmann llama "estructuralismo genético" y que opone al estructuralismo no dialéctico y antihistoricista. El término "histórico" nos parece más propio para significar este contenido que el de "génesis", porque no tiene la connotación de "origen", y permite mejor la referencia al *porvenir*, siendo la dimensión del porvenir, como lo subraya Goldmann, decisiva para el marxismo. Cf. L. Goldmann, "Introduction générale", en *Entretiens sur le notions de genèse et structure.*

lítica [ed. esp., Buenos Aires, Pasado y Presente, 1972], están dedicados a la historia económica y a las tendencias del desarrollo capitalista, y *La acumulación del capital* contiene extensos análisis históricos del imperialismo y su movimiento de dominación de las economías precapitalistas. Pero la historia está presente en sus obras no sólo en el sentido inmediato sino, además y sobre todo, como *punto de vista* metodológico, como *perspectiva* que considera, capta y analiza cada momento de la realidad como etapa del desarrollo histórico.

III. LA TEORÍA DE LA PRAXIS

Lukács demuestra en *Historia y conciencia de clase* cómo la teoría de la praxis revolucionaria en Marx y Rosa Luxemburg "desgarra de un golpe el dilema de la impotencia: el dilema entre el fatalismo de las leyes puras y de la ética de la pura intención".[13]

El moralista neokantiano y abstractamente voluntarista Bernstein fue objeto de una crítica sarcástica e implacable por parte de Rosa Luxemburg: su "principio de la justicia" es ese "viejo caballo de batalla sobre el cual todos los reformadores han cabalgado durante siglos, a falta de otros medios más seguros. Volvemos al lamentable Rocinante a horcajadas del cual los Don Quijotes de la historia han galopado hacia la gran reforma del mundo, para volver a casa siempre vencidos".[14] Pero esto no significa en modo alguna que Rosa Luxemburg se incline hacia una concepción economista de la historia; como Kautsky, en quien el economista mecanicista se mezclaba armoniosamente con el evolucionista darwinista, dando como resultado político una táctica de *expectativa* del de-

[13] Lukács, *op. cit.*, p. 61. [Ed. esp., p. 43.]
[14] *Réforme ou révolution?*, p. 61. [Ed. esp., p. 79.]

rrumbamiento necesario, inevitable y fatal del sistema capitalista.

Una carta recientemente descubierta de Rosa Luxemburg, de fecha 15 de agosto de 1898, demuestra que desde los comienzos de su vida política jamás suscribió el economismo seudomarxista que dominaba el pensamiento teórico de la II Internacional. A más de subrayar que lo económico es, en última instancia, el elemento decisivo, agrega que "los materialistas que afirman que el desarrollo económico va silbando como una locomotora sobre los rieles de la historia, en tanto que la política y la ideología se quedan atrás, abandonadas como vagones de mercancías inertes", no tienen nada que ver con el marxismo.[15]

¿Cómo transformar la posibilidad objetiva en acto? La respuesta de Rosa Luxemburg está explícita en el folleto *Junius*: la praxis revolucionaria. La praxis es el lazo dialéctico entre el pasado y el futuro, entre las posibilidades abiertas por el proceso histórico y su realización. Los hombres hacen su historia, dentro de los límites impuestos por el desarrollo económico y social, en una situación determinada, en condiciones determinadas. Pero son ellos quienes la hacen al mismo tiempo —por su praxis revolucionaria— *causa* y *consecuencia* del proceso histórico.

Por otra parte, por la teoría de la praxis como unidad dialéctica de lo objetivo y de lo subjetivo, de las condiciones económicas y de la voluntad consciente, como *mediación* por la cual la clase en sí deviene para sí, Rosa Luxemburg puede *superar* (aufheben) el dilema estereotipado y metafísico entre el moralismo abstracto de Bernstein y el economismo mecánico de Kautsky. Mientras que, para el primero, el cambio "subjetivo", moral y espiritual de los hombres (del pueblo) es la condición del advenimiento de la "jus-

[15] Publicada en *Z. Pola Walki*, Varsovia, 1959, núm. 1 (5), p. 72, en L. Basso, *op. cit.*, p. 41.

ticia social", para el segundo es la evolución económica objetiva la que conduce fatalmente al socialismo. La posición dialéctica de Rosa Luxemburg es la de Marx en la III tesis sobre Feuerbach: en la praxis revolucionaria el cambio de las circunstancias coincide con el cambio (subjetivo) de los hombres. En su célebre texto sobre la revolución rusa de 1905, Rosa Luxemburg demuestra la significación política concreta de esta tesis: "Es el proletariado el que debe derrocar al absolutismo en Rusia. Pero el proletariado tiene necesidad para eso de un alto grado de educación política, de conciencia de clase y de organización. No puede aprender todo esto en los folletos o en los panfletos, sino que esta educación debe ser adquirida en la escuela política viva, en la lucha y por la lucha, en el curso de la revolución en marcha. [...] El brusco levantamiento general del proletariado en enero, desencadenado por los acontecimientos de San Petersburgo, era en su acción exterior un acto revolucionario, una declaración de guerra al absolutismo. Pero esta primera lucha general y directa de clases desencadenó una reacción tanto más poderosa en el interior de la clase obrera por cuanto despertaba por primera vez, como por un sacudimiento eléctrico, el sentimiento y la conciencia de clase en millones y millones de hombres."

[16] Rosa Luxemburg, *Grève générale, parti et syndicats*, p. 30. [Ed. esp., pp. 64, 63.]

CAPÍTULO V

ROSA LUXEMBURG Y LA CUESTIÓN NACIONAL

Rosa Luxemburg era uno de los más grandes pensadores marxistas de nuestro siglo, y uno de los combatientes más apasionados del internacionalismo proletario en la historia del movimiento obrero. Sus errores sobre la cuestión nacional se sitúan, por lo tanto, en el interior de un pensamiento que, en cuanto a lo *esencial*, pertenece a la herencia actual del marxismo revolucionario.

No pensamos que Lenin haya tenido *siempre* razón contra Rosa. Ésta (con Trotski) había comprendido mucho antes que aquél el caracter socialista de la revolución rusa, el peligro de burocratización del partido obrero, la índole reformista de la socialdemocracia alemana "ortodoxa" anterior a 1914. Sin embargo, nos parece de una evidencia "cartesiana", por decirlo así, que Rosa (al contrario que Lenin) se equivocó profundamente respecto de la cuestión nacional. Trataremos de analizar esquemáticamente sus diferentes posiciones al respecto, de 1893 a 1918, y descubrir las raíces teóricas y metodológicas de sus errores.

I. ROSA LUXEMBURG SOBRE LA CUESTIÓN NACIONAL (1893-1918)

En 1893, Rosa Luxemburg, Leo Jogisches, Julian Marchlewski y Adolf Warszawski fundaban el SDKP, partido socialdemócrata del reino de Polonia, en oposición al PPS, partido socialista polaco, que se proponía luchar por la independencia de Polonia. Denunciando, no sin motivo, al PPS como un partido "socialpatriota", Rosa y sus camaradas del SDKP, se oponían ferozmente a la consigna de la independencia de Polonia (a la sazón dividida entre Rusia, Alemania y Austria), insistiendo, por el contrario, sobre los lazos estrechos entre el proletariado ruso y polaco, y su destino común. El "reino de Polonia" (parte de la Polonia anexionada al imperio zarista) debería conseguir la *autonomía territorial,* y no la independencia, dentro del marco de una futura república democrática rusa.

En 1896, Rosa Luxemburg representó al SDKP en el Congreso de la II Internacional, en Londres. La mayoría de los dirigentes marxistas "ortodoxos" —Kautsky, Plejanov, Wilhelm Liebknecht, Victor Adler— eran favorables a las tesis del PPS, siguiendo así la tradición de Marx y de la I Internacional, que habían sostenido siempre la lucha de Polonia por la independencia. Llamada a decidir entre las tesis de Rosa y las de Pilsudski (dirigente del PPS, futuro dictador semifascista de Polonia), la Internacional acabó por adoptar una resolución de doble filo, que afirmaba, a la vez, el derecho de autodeterminación de las naciones y la necesidad de unidad entre los obreros de todos los países, resolución de que habrían de justificarse tanto Lenin como Rosa Luxemburg en sus polémicas sobre la cuestión nacional (cada uno de ellos interpretándola en su sentido).

En 1898, publicó Rosa su tesis de doctorado, *El desarrollo industrial de Polonia.* El tema central de esta obra era la idea de que Polonia, desde el punto de vista económico, estaba ya integrada a Rusia: el crecimiento económico e industrial de Polonia se realizaba gracias a los mercados rusos y, por consiguiente, la economía polaca no podía seguir existiendo separada de la economía rusa. La independencia de Polonia era el sueño de la nobleza polaca en la época feudal. Ahora bien, el desarrollo industrial minó las bases de este sueño: ni la burguesía polaca, cuyo porvenir económico dependía del mercado ruso, ni el proletariado polaco, cuyo interés histórico era la alianza revolucionaria con el proletariado ruso, son nacionalistas. Sólo la *pequeña burguesía* y las *capas precapitalistas* alimentaban todavía el sueño utópico de una Polonia unificada independiente. En este sentido, Rosa consideraba su libro como el equivalente polaco de la obra de Lenin, *El desarrollo del capitalismo en Rusia*, dirigida contra los sueños utópicos y retrógrados de los populistas rusos...

Volveremos más tarde sobre las implicaciones metodológicas de esta actitud de Rosa, que no siempre se guardaba de las tentaciones del demonio favorito de la II Internacional: el economismo.

En 1903, en el famoso II Congreso del POSDR (Partido obrero socialdemócrata ruso), el partido polaco de Rosa (convertido en el SDKPiL por la adhesión de un grupo marxista lituano) envió una delegación dirigida por Warszawski ("Warski") para negociar su afiliación al partido ruso bajo forma federativa. Se realizaron laboriosas negociaciones entre rusos y polacos respecto del grado de autonomía de que habría de gozar el SDKPiL en el interior del POSDR, en el curso de la primera parte del congreso, que se celebraba en Bruselas. Ahora bien, en aquel momento se publicó el número de julio del *ISKRA*, con un artículo de Lenin defendiendo precisamente el derecho de Polonia a la independencia. Rosa Luxemburg envió inmediatamente nuevas y perentorias instrucciones a la delegación del SDKPiL: exigir la revisión del artículo 7 de los estatutos provisionales del POSDR, que afirmaban el derecho de autodeterminación de las naciones. La nueva formulación habría de ser, según Rosa, "para instituciones que garanticen la entera libertad del desarrollo cultural a todas las naciones que componen el Estado..." Este "ultimátum" fue evidentemente rechazado por los socialdemócratas rusos, y los polacos abandonaron el congreso, el cual, por motivos de seguridad, fue trasladado a Londres (donde iba a escindirse entre bolcheviques y mencheviques).

Agreguemos que en 1906 el SDKPiL decidió, a pesar de todo, adherirse al POSDR (reunificado) en forma federativa, y abandonando sus exigencias en lo relativo al artículo 7 de los estatutos, hecho que Lenin utilizaría más tarde en sus polémicas con Rosa sobre la cuestión nacional.

La mayoría de las críticas de Lenin a Rosa Luxemburg sobre el problema de la autodeterminación tienen por objeto un artículo que la última escribió en 1908 y que resume sus tesis: *La cuestión nacional y la autonomía*, publicado en el órgano del SDKPiL, *Przeglad Socjaldemokratiyczny*. En este artículo, Rosa desarrolla los temas siguientes:

a] El derecho de autodeterminación es un derecho *abstracto y metafísico*, como el pretendido "derecho al trabajo" del siglo XIX, o el divertido "derecho de cada hombre a comer en platos dorados", proclamado por el escritor Chernichevski;

b] Apoyando el derecho de separación, se apoya en realidad al nacionalista *burgués*. La nación como un todo uniforme y homogéneo no existe: *cada clase* en la nación tiene intereses y "derechos" opuestos;

c] La independencia de las pequeñas naciones, en general, y de Polonia, en particular, es una utopía desde el punto de vista económico, condenada por las leyes de la historia.

No existía para ella más que una excepción a esta regla "de bronce": los pueblos balcánicos oprimidos por el imperio turco: griegos, serbios, búlgaros, armenios. Estos pueblos habían alcanzado un grado de desarrollo económico, social y cultural superior a Turquía, imperio decadente que los aplastaba con su peso muerto. En estas condiciones, ya en 1896 (a consecuencia de un levantamiento nacional griego en la isla de Creta), Rosa Luxemburg consideraba —en contra de la tesis defendida por Marx en la época de la guerra de Crimea— que el imperio turco no era viable y que su descomposición en estados nacionales era una exigencia del progreso histórico.

En 1914, Rosa Luxemburg fue, como es sabido, uno de los raros dirigentes de la II Internacional que no cedieron ante la inmensa ola del chovinismo delirante, nacionalismo rabioso y socialpatriotismo hipócrita que se desencadenó sobre Europa junto con la guerra. Detenida por las autoridades alemanas a causa de su propaganda internacionalista y antimilitarista, escribió en 1915 el famoso folleto *Junius* haciéndolo salir clandestinamente de la prisión. Este texto representa un paso considerable de Rosa Luxemburg hacia la aceptación del principio de la autodeterminación: "El socialismo reconoce a cada pueblo el derecho a la independencia y a la libertad, a la libre disposición de su libre destino".[1] Sin embargo, para Rosa, esta autodeterminación no puede hacerse dentro del marco de los estados capitalistas y, en particular, colonialistas existentes: ¿cómo se puede hablar de "libre disposición" tratándose de estados imperialistas como Francia, Turquía o la Rusia zarista? "No puede existir nación libre, cuando su existencia nacional reposa sobre la reducción a la esclavitud de otros pueblos." Se desprende de esto que *sólo el socialismo internacional* se halla en condiciones de convertir en realidad el derecho de los pueblos a disponer de sí mismos.

Además, en las *Tesis sobre las tareas de la socialdemocracia internacional*, publicadas como anexo del folleto, Rosa afirma categóricamente que "en la época de este imperialismo desencadenado no puede haber guerras nacionales. Los intereses nacionales no son sino un engaño que tiene por objeto poner a las masas tra-

[1] Rosa Luxemburg, *La crise de la social-démocratie*, Bruselas, La Taupe, 1970, p. 172.

bajadoras al servicio de su enemigo mortal: el imperialismo". Regla valedera a sus ojos, no sólo para los grandes estados coloniales, sino *también para las pequeñas naciones*, que "no son otra cosa que peones en el juego imperialista de las grandes potencias".[2]

Lenin habría de someter esta tesis a una crítica severa, subrayando que las guerras nacionales de las colonias y semicolonias (menciona a China como ejemplo...) son no sólo probables sino *inevitables* en la época del imperialismo, ¡pronóstico más que confirmado por la historia del siglo XX! Con todo, Lenin se apresura a agregar que sería "injusto acusar a *Junius** de indiferencia por los movimientos nacionales", puesto que el folleto reconoce los derechos nacionales de las colonias, y, en general, el derecho de los pueblos a disponer de sí mismos. Parece que Lenin ignoraba la verdadera identidad de *Junius*, ya que opone el autor anónimo del folleto ("que pertenece visiblemente al ala 'radical de izquierda' del partido socialdemócrata alemán") a "ciertos socialdemócratas holandeses y polacos que niegan el derecho de las naciones a disponer de sí mismas en un régimen socialista", ¡referencia transparente a la propia Rosa Luxemburg![3]

Sin embargo, en otro folleto escrito en la prisión, *La revolución rusa* (1918) —no publicado en vida—, se observa, por decirlo así, un "retroceso" de Rosa Luxemburg hacia su posición puramente negativa en cuanto a los derechos nacionales. Este folleto contiene una crítica radical y tajante de la política de las nacionalidades de Lenin y Trotski (cuyo proyecto revolucionario apoya, naturalmente), política a la que acusa de haber, de modo involuntario, "aportado agua al molino de la contrarrevolución":

[2] *Ibid.*, pp. 220-221.

* Seudónimo de Rosa Luxemburg. [E.]

[3] Lenin, "À propos de la brochure *Junius*", anexo a Rosa Luxemburg, *La crise de la social-démocratie*, pp. 233-234, 239-240.

a] La política socialista lucha contra toda opresión, por lo tanto, evidentemente, también contra la opresión de una nación por otra. Por el contrario, el famoso derecho de autodeterminación de las naciones es una *fraseología vacía* y un *engaño pequeñoburgués* del mismo género que "desarme universal", "Sociedad de las Naciones", etc.;

b] La consigna de autodeterminación lanzada por los bolcheviques ha desorientado a las masas de los países periféricos del imperio ruso: Polonia, Finlandia, Lituania, Ucrania, Cáucaso. Ha abandonado estas masas a la demagogia de sus burguesías nacionales y las ha aislado del proletariado ruso;

c] En lugar de hacer concesiones al nacionalismo separatista burgués, los bolcheviques hubiesen debido, al contrario, "defender con dientes y uñas la integridad del Estado ruso como palenque de la revolución".

Y es inútil añadir que la sola tentativa de los bolcheviques para "defender con dientes y uñas la integridad del Estado ruso como palenque de la revolución", la invasión de Polonia por el Ejército Rojo en 1920, se saldó por un doloroso fracaso que demuestra, hasta la saciedad, el profundo error de la estrategia preconizada por Rosa. Esta invasión, como lo había previsto Trotski (contra Tujachevski, principal teórico de "la exportación de la revolución") había provocado un *resurgimiento de los sentimientos nacionalistas antirrusos* en Polonia, fortaleciendo así al régimen reaccionario de Pilsudski y aislando al PC polaco, identificado por las masas con "el invasor extranjero".

II. BALANCE DE LOS ERRORES TEÓRICOS DE ROSA LUXEMBURG SOBRE LA CUESTIÓN NACIONAL

No sólo el caso polaco de 1920, sino toda la historia del siglo XX ha aportado un mentís categórico a las tesis de Rosa Luxemburg acerca de la cuestión nacional. Nos parece que estas tesis se articulan en torno de cuatro errores teóricos, metodológicos y políticos fundamentales:

1. Sobre todo, antes de 1914, una concepción *economista* del problema: Polonia es *económicamente* dependiente de Rusia, *por lo tanto* no puede ser *políticamente* independiente, argumento que tiende a negar la especificidad y *la autonomía relativa de la instancia política.* Este método determinista-economista aparece, en particular, en su tesis de doctorado y en sus primeros escritos sobre el problema polaco: el desarrollo industrial de Polonia, ligado al mercado ruso, determina "con la fuerza de bronce de la necesidad histórica", de una parte el carácter utópico de la independencia polaca y, de otra, la unidad entre los proletariados ruso y polaco. Con todo, este género de argumentos tiende a desaparecer a medida que Rosa supera la tentación economista (especialmente después de 1914) y está remplazada por los razonamientos de carácter propiamente político (por ejemplo, en el folleto de 1918 sobre la revolución rusa).

2. Para Rosa, la nación es esencialmente un fenómeno *cultural* y *espiritual,* lo cual tiende, una vez más, a escamotear su *dimensión política,* que no es reductible ni a lo económico ni a la ideología, y cuya forma concreta es el *Estado* nacional independiente. Por esta razón, Rosa quiere abolir la opresión nacional, permitiendo el "libre desarrollo cultural", pero se niega a aceptar el derecho a la independencia política, sin comprender que la negación del derecho a constituir un Estado nacional independiente es precisamente *una de las principales formas de la opresión nacional.*

3. Rosa Luxemburg no ha visto en los movimientos de liberación nacional más que su aspecto *anacrónico,* pequeñoburgués, reaccionario, sin captar su *potencialidad revolucionaria* contra el zarismo (y, más tarde, en otro contexto, contra el imperialismo y el colonia-

lismo), es decir, sin comprender la dialéctica compleja y contradictoria del *doble carácter* de estos movimientos nacionales. En cuanto a Rusia, puede decirse, en general, que Rosa subestimó el papel revolucionario de los aliados no proletarios de la clase obrera: el campesinado y las naciones oprimidas. Rosa concebía la revolución rusa como *puramente* obrera y no, como Lenin, *dirigida* por el proletariado.[4]

4. Rosa no comprendió que la liberación nacional de los pueblos oprimidos es una exigencia no sólo de la pequeña burguesía "utópica", "soñadora", "retrógrada" y "precapitalista", sino también de *todas las masas populares, incluido el proletariado.* Y que, por consiguiente, el reconocimiento por el proletariado ruso organizado del derecho de autodeterminación de los pueblos era, precisamente, la *condición sine qua non* de su unidad con el proletariado de las naciones oprimidas.

¿Cuál es la fuente de estos errores, lagunas e insuficiencias de Rosa? En nuestra opinión, sería equivocado creer que están orgánicamente ligados al método de Rosa Luxemburg (excepto para el economismo anterior a 1914) o al conjunto de sus posiciones políticas (por ejemplo, sobre el partido, sobre la democracia, etc.). En efecto, estas tesis sobre la cuestión nacional *no eran específicas a Rosa,* sino que las compartían los demás dirigentes del SDKPiL, incluso quienes, como Dzerjinski, se unieron al bolcheviquismo. Dzerjinski no comenzó sino en 1925 a autocriticar su posición contraria a la autodeterminación de las naciones. Es probable que la posición unilateral de Rosa fuese, en último análisis, un subproducto ideológico de la lucha ideológica virulenta del SDKPiL contra el PPS.

La diferencia entre Lenin y Rosa Luxemburg es,

[4] Cf. G. Lukács, "Remarques critiques sur la 'Critique de la révolution russe', de Rosa Luxemburg", en *Histoire et conscience de classe.*

pues, en cierta medida —con motivo de Polonia, al menos— una consecuencia de la *diferencia de óptica* entre internacionalistas rusos (que luchan contra el chovinismo granruso) e internacionalistas polacos (que combaten el socialpatriotismo polaco). Lenin parecía reconocer cierta "división del trabajo" entre los marxistas de Rusia y de Polonia al respecto:

"Resulta indudable que la situación es muy embrollada, pero tiene una salida, con la cual todos los participantes seguirán siendo internacionalistas: los socialdemócratas rusos y alemanes deben exigir la incondicional '*libertad* de separación' para Polonia; los socialdemócratas polacos deben luchar por la unidad de lucha proletaria en los países pequeños y grandes sin formular la consigna de independencia de Polonia para la presente época o período".[5]

Dicho esto, la gran crítica que Lenin dirige a Rosa Luxemburg es la de que quiere *generalizar* a partir de una situación específica (Polonia en determinado momento histórico) y negar así no sólo la independencia de Polonia sino la de todas las pequeñas naciones dominadas.

Ahora bien, existe a este respecto un escrito de Rosa que plantea el problema en términos muy semejantes a los de Lenin: la introducción de 1905 a la colección *La cuestión polaca y el movimiento socialista*. En este texto, Rosa Luxemburg distingue cuidadosamente entre el derecho innegable de cada nación a la independencia ("que deriva de los principios elementales del socialismo"), que ella reconoce, y la *oportunidad* de esta independencia para Polonia, que ella niega".[6]

[5] Lenin, "Bilan d'une discussion sur le droit des nations à disposer d'elles-mêmes" (1916), en *Question de la politique nationale*, Moscú, Progrès, 1968, p. 223. [Ed. esp., V. I. Lenin, *Obras completas*, Buenos Aires, Cartago, 1960, t. XXII, p. 368.]

[6] Rosa Luxemburg, *Scritti politici*, pp. 261-262. Cf. igualmente la sugestiva introducción a este texto por Lelio Basso, *ibid.*, pp. 239-250.

Es también uno de los raros textos de Rosa que reconoce la importancia, el peso y hasta la justificación de los sentimientos nacionales (a la vez que los reduce a un fenómeno "cultural"):

"Para nosotros, para la clase obrera, el problema nacional no es, no puede ser ajeno, no puede ser indiferente la opresión más insoportable en su barbarie, la opresión de la cultura *espiritual* de la sociedad. Un hecho comprobado en honor de la humanidad en todos los tiempos es que incluso la más inhumana opresión de los intereses *materiales* no puede suscitar un odio y una rebelión tan fanáticas e inflamados como la opresión de la vida espiritual: la opresión religiosa y nacional. Pero de rebelión heroica y de sacrificio para defender estos bienes espirituales no es capaz más que la clase revolucionaria, tanto desde el punto de vista *material* como social".[7]

Este escrito, así como ciertos pasajes del folleto *Junius*, demuestran que el pensamiento de Rosa era demasiado realista, en el sentido revolucionario del término, para presentar una coherencia lineal, metafísica y petrificada.

III. HOY

La verdadera amenaza a la salud política del movimiento obrero actual no es la enfermedad infantil del comunismo que constituyen los errores generosos de Rosa, sino unos fenómenos patológicos no menos peligrosos: los virus del chovinismo de gran potencia y de la capitulación oportunista al nacionalismo burgués, diseminados a los cuatro vientos por la burocracia stalinista.

[7] *Ibid.*, p. 278.

A decir verdad, en nuestros días, no hay ya prácticamente "luxemburguistas" sobre la cuestión nacional. Sólo en ciertos sectores de la izquierda revolucionaria se encuentra a veces un eco lejano de las tesis de Rosa, bajo la forma de una oposición abstracta a los movimientos de liberación nacional, en nombre de la "unidad obrera" y del internacionalismo. Se encuentra en ellos también otra tesis errónea que tiene su historia en el pensamiento marxista: la teoría de las "naciones reaccionarias" de Engels.[8]

Así, si se examinan algunas cuestiones nacionales actuales, asuntos complejos en los que se combinan y se entrelazan aspectos nacionales, coloniales, religiosos y étnicos —la cuestión negra en los Estados Unidos, el conflicto del Medio Oriente, la lucha entre católicos y protestantes en Irlanda del Norte—, vemos que existen dos tentaciones opuestas que persiguen a la izquierda revolucionaria:

1. Negar la legitimidad del movimiento nacional —negros de Estados Unidos, palestinos, católicos irlandeses de Ulster—, condenar estos movimientos como "pequeñoburgueses" y divisores de la clase obrera, y proclamar, abstractamente, frente a ellos, el principio de la unidad necesaria entre los proletarios de todas las nacionalidades, razas o religiones.

2. Abrazar de manera acrítica la ideología nacionalista de estos movimientos, y condenar a las naciones dominantes (blancos norteamericanos, judíos israelíes, protestantes ingleses de Irlanda del Norte) como "naciones reaccionarias" en bloque, sin distinción de clase, naciones a las cuales se niega, incluso, el derecho de autodeterminación.

Evitando estos dos escollos, se trata para los marxistas revolucionarios de encontrar, por medio de un análisis concreto de cada situación concreta, una vía

8 Cf. Roman Rosdolski, "Friedrich Engels und das Problem der 'Geschichtslosen Völker' ", en *Archiv fur Sozialgeschichte*, VI, Hamburgo, 1964.

auténticamente internacionalista, inspirándose en la política de las nacionalidades del Komintern de Lenin y Trotski (1919-1923) y de la célebre resolución del Congreso de 1896 de la II Internacional, que tuvo el raro privilegio de ser aprobada por Lenin y, a la vez, por Rosa Luxemburg:

"El Congreso declara que está a favor del derecho completo a la autodeterminación (*Selbstbestimmungsrecht*) de todas las naciones y expresa sus simpatías a los obreros de todo país que sufra actualmente bajo el yugo de un absolutismo militar, nacional o de otro género; el Congreso exhorta a los obreros de todos estos países a ingresar en las filas de los obreros conscientes (Klassenbewusste = de los que tienen conciencia de los intereses de su clase) de todo el mundo, a fin de luchar juntamente con ellos para vencer el capitalismo internacional y realizar los objetivos de la socialdemocracia internacional". *

* V. I. Lenin, *Obras escogidas,* Moscú, Progreso, 1967, t. I, p. 646. [E.]

CAPÍTULO VI

LA SIGNIFICACIÓN METODOLÓGICA DE LA CONSIGNA "SOCIALISMO O BARBARIE"

¿Es el socialismo el producto inevitable y necesario del desarrollo histórico, económicamente determinado, o no es más que una opción moral, un ideal de Justicia y Libertad? Este "dilema de la impotencia" entre el fatalismo de las leyes puras y la ética de la pura intención[1] era el de la socialdemocracia alemana anterior a 1914. Fue *superado* —en el sentido dialéctico: "Aufheben"— por Rosa Luxemburg, precisamente a través de la formulación en el folleto *Junius* de 1915, de la célebre consigna "socialismo o barbarie". En este sentido, tenía razón Paul Frölich cuando escribía que el folleto (cualesquiera que pudieran ser sus errores y deficiencias, criticados por Lenin) "es más que un documento histórico: es un hilo de Ariadna en el caos presente".[2] Intentaremos aclarar en líneas generales la significación *metodológica* de esta consigna, significación que nos parece de una importancia *capital* para el pensamiento marxista, pero que no siempre fue lo suficientemente comprendida y evaluada.

Para Bernstein, después de su "revisión" del marxismo en *Las premisas del socialismo y las tareas de la socialdemocracia* (1899), el socialismo no tiene ya una base objetiva, material, en las contradicciones del capitalismo y en la lucha de clases (fenómenos cuya

[1] Cf. G. Lukács, *Histoire et conscience de classe*, París, Minuit, p. 61. [Ed. esp., p. 43.]

[2] P. Frölich, *Rosa Luxemburg*, París, Maspero, p. 275.

negación constituye precisamente el tema central del libro). Le busca, por lo tanto, otro fundamento, que no puede ser sino *ético*: los principios eternos de la moral, el derecho, la justicia. En este sentido es en el que hay que comprender el último capítulo del libro (*Kant wider cant*) en el que opone a Kant al "materialismo" y al "desprecio del ideal" del pensamiento socialdemócrata oficial. Esta moral es de toda evidencia ahistórica y por encima de las clases sociales. Para Bernstein, en efecto, "la moral sublime de Kant" se halla "en la base de las acciones eterna y universalmente humanas"; querer encontrar en ellas la expresión de algo tan grosero y vulgar como los intereses de clase de la burguesía sería en su opinión sencillamente propio de la "locura"...[3]

En *Reforma o revolución* (1899), Rosa Luxemburg replica al "padre del revisionismo" con una demostración apasionada y rigurosa del carácter profundamente contradictorio del desarrollo del capitalismo. El socialismo deriva de la necesidad económica y, en modo alguno, de ese "viejo caballo de batalla sobre el cual todos los reformadores han cabalgado durante siglos..."[4]

Sin embargo, queriendo llevar demasiado adelante esta demostración, Rosa no se libra siempre de la tentación del "fatalismo revolucionario"; por ejemplo, al insistir en el primer capítulo del folleto anti-Bernstein en que la anarquía de la economía capitalista "la arrastra a su ruina *inevitable*", que el derrumbamiento del sistema capitalista es el resultado *inevitable* de sus contradicciones insuperables, y que la conciencia de clase del proletariado no es más que "el simple reflejo intelectual de las contradicciones crecientes del capi-

[3] Cf. el artículo de Bernstein en defensa del neokantiano Vorländer y contra la "locura" del izquierdista Pannekoek, en *Dokumente des Sozialismus*, III, p. 487.

[4] Rosa Luxemburg, *Scritti politici*, p. 187. [Ed. esp., *Reforma o revolución*, p. 79.]

talismo y de su caída *inminente*".[5] Desde luego, incluso en este escrito, que es su obra más "determinista", Rosa insiste en el hecho de que la táctica de la socialdemocracia no consiste en modo alguno en *aguardar* el desarrollo de los antagonismos, sino en "apoyarse en *la dirección*, una vez reconocida, del desarrollo, y a sacar hasta el final sus consecuencias".[6] Esto, sin embargo, no resuelve realmente el problema, ya que Rosa parte todavía de la premisa de que no hay, en último análisis, más que *una sola dirección posible*, "la dirección del desarrollo". La intervención consciente de la socialdemocracia sigue siendo, pues, en cierto sentido, un elemento "auxiliar", un "estimulante" de un proceso que, de todos modos, es objetivamente necesario e inevitable.

Si el "fatalismo optimista" es en Rosa Luxemburg, en 1899, una tentación, constituye, en cambio, en Karl Kautsky, *el eje central de toda su visión del mundo*. El pensamiento de Kautsky es el producto de una fusión maravillosamente lograda entre la metafísica iluminista del progreso, el evolucionismo socialdarwinista[7] y un determinismo seudo "marxista ortodoxo". El inmenso poder de persuasión que esta amalgama ejercía sobre la socialdemocracia alemana, haciendo de Kautsky el "Papa" doctrinario del partido y de la II Internacional, no se debía únicamente al talento innegable de su autor, sino también y sobre todo a una determinada coyuntura histórica, la de fines del siglo pasado y comienzos del actual, período durante

[5] *Ibid.*, pp. 148-149, subrayado por nosotros. [Ed. esp., p. 15.]

[6] *Ibid.*, p. 172.

[7] Kautsky había sido ya en su juventud un entusiasta discípulo de Darwin y en su última obra, *La concepción materialista de la historia* (1927), proclama todavía que su fin es encontrar las leyes que son comunes "a la evolución humana, animal y vegetal". Cf. Erich Mathias, *Kautsky und der kautskyanismus, Marxismusstudien*, 2, 1957, p. 153.

el cual aumentó, con una regularidad extraordinaria, el número de afiliados y de electores de la socialdemocracia.

En Kautsky, pues, la problemática de la iniciativa revolucionaria tiende a desaparecer en favor de la de las "leyes de bronce que determinan la transformación necesaria de la sociedad". En su libro más importante, *El camino del poder* (1909), insiste en varias ocasiones sobre la idea de que la revolución proletaria es "irresistible" e "inevitable", "tan irresistible e inevitable como el desarrollo incesante del capitalismo", lo cual le conduce a esta conclusión asombrosa, a esta frase notable y transparente, que resume de modo admirable toda su visión "expectante" de la historia: "El partido socialista es un partido revolucionario; no es un partido que hace revoluciones. Sabemos que nuestros fines no pueden ser cumplidos más que por una revolución, pero sabemos también que no está en nuestro poder hacer la revolución, como no está en el poder de nuestros adversarios impedirlo. Por consiguiente, jamás hemos pensado en provocar o preparar una revolución".[8]

Sobre todo a partir de la revolución rusa de 1905, Rosa Luxemburg comenzó a alejarse políticamente de Kautsky y a criticar cada vez más la concepción "rígida y fatalista" del marxismo que consiste en "aguardar con los brazos cruzados a que la dialéctica histórica nos traiga sus frutos maduros".[9] Hacia 1909-1913, su polémica con Kautsky sobre la huelga de masas cristaliza las divergencias teóricas latentes en el interior de la corriente marxista ortodoxa de la socialdemocracia

[8] Kautsky, *Der Weg zur Macht*, 1910, 3 Auflage, Berlín 19, p. 57. Cf. también el programa de Erfurt del Partido Socialdemócrata alemán (1891), redactado por Kautsky y que presenta al socialismo como un "naturnotwendiges Ziel", un fin resultante de una "necesidad natural".

[9] Discurso de 1907 al congreso de la Internacional en Stuttgart, en L. Basso, Introducción a *Scritti politici*, p. 85.

alemana. En apariencia, la crítica de Rosa tiene por objeto principal el carácter puramente parlamentarista de la "estrategia de agotamiento" (Ermattungstrategie) preconizada por Kautsky. Pero a un nivel más profundo, es todo el "radicalismo pasivo" de Kautsky (Pannekoek dixit), su fatalismo seudorrevolucionario lo que se somete a discusión por Rosa. Frente a esta teoría expectante, en la que la fe obstinada en la victoria electoral parlamentaria "inevitable" no era sino una de las manifestaciones políticas, Rosa desarrolla su estrategia de la huelga de masas fundada sobre el principio de la intervención consciente: "La misión de la socialdemocracia y de sus jefes no consiste en ser arrastrados por los acontecimientos, sino en adelantarse a ellos conscientemente, en abarcar con la mirada el sentido de la evolución y en abreviar esta evolución por una acción consciente, y acelerar su marcha".[10]

Sin embargo, hasta 1914 no es completa la ruptura con Kautsky y con el "fatalismo socialista". Como lo demuestra el pasaje mismo que acabamos de citar, no hay para Rosa más que *un* "sentido de la evolución", que se trata tan sólo de "abreviar" y de "acelerar". Fue preciso la catástrofe del 4 de agosto de 1914, la capitulación vergonzosa de la socialdemocracia alemana a la política de guerra del Kaiser, la dislocación de la Internacional y el alistamiento de las masas proletarias en esa inmensa matanza fratricida llamada "la primera guerra mundial" para hacer vacilar en Rosa la convicción profundamente arraigada del advenimiento necesario e "irresistible" del socialismo. A partir de este traumatismo es cuando Rosa Luxemburg escribe, en 1915, en el folleto *Junius*, esta fórmula notablemente *revolucionaria* (en el sentido teórico y político a la vez): "socialismo o barbarie".

[10] Artículo de 1913 de Rosa Luxemburg contra la "estrategia del agotamiento" de Kautsky, en Frölich, *op. cit.*, p. 185.

Esto quiere decir: no hay *una* sola "dirección del desarrollo", *un* solo "sentido de la evolución", sino *varios*. Y el papel del proletariado, dirigido por su partido, no es simplemente "apoyar", "abreviar" o "acelerar" el proceso histórico, sino *decidirlo*:

"Los hombres no hacen arbitrariamente su historia, pero son ellos quienes la hacen... La victoria final del proletariado socialista... no puede cumplirse si de toda la masa de las condiciones acumuladas por la historia no brota la chispa animadora de la voluntad consciente de la gran masa popular... Friedrich Engels dijo en cierta ocasión: la sociedad burguesa se encuentra ante un dilema, o el progreso hacia el socialismo o la regresión a la barbarie... Nosotros nos encontramos hoy, pues, exactamente como Friedrich Engels lo había previsto hace una generación, hace 40 años, ante la opción: o el triunfo del imperialismo y caída de toda la civilización como en la antigua Roma: despoblación, destrucción, degeneración, un vasto cementerio, o la victoria del socialismo, es decir, la acción consciente de lucha del proletariado internacional contra el imperialismo y su método: la guerra. He aquí el dilema de la historia mundial, una alternativa en la que los platillos de la balanza oscilan ante la decisión del proletariado consciente".[11]

¿Cuál es el origen, en el pensamiento marxista, de la fórmula "socialismo o barbarie"?

En la primera frase del *Manifiesto*, Marx subraya que la lucha de clases ha terminado siempre "o bien por un trastorno revolucionario de toda la sociedad, o por la ruina (Untergang) común de las clases en lucha". Es probablemente en este pasaje en el que se inspira Rosa cuando habla de la caída de la civilización en la antigua Roma como precedente de la vuelta a la barbarie. Pero no hay, que sepamos, ninguna indicación en toda la obra de Marx de que esta alter-

[11] Rosa Luxemburg, *Scritti politici*, pp. 446-448.

nativa, que él presenta en el *Manifiesto* como la comprobación de un *hecho pasado*, también sea para él valedera como posibilidad para *el futuro.*

En cuanto a la frase de Engels a que Rosa Luxemburg hace referencia, se trata sin duda de un pasaje del *Anti-Dühring* (publicado en 1877, es decir, casi cerca de 40 años antes de aquél en que Rosa escribía) que ella trataba de reconstituir de memoria (no teniendo en la prisión acceso a su biblioteca marxista). He aquí, pues, el texto de Engels donde aparece por primera vez la idea del socialismo como una *alternativa* en un gran dilema histórico: "...las fuerzas productivas producidas por el moderno modo de producción capitalista cuanto el sistema de distribución de bienes por él creado han entrado en hiriente contradicción con aquel modo de producción mismo, y ello hasta tal punto que tiene que producirse una subversión de los modos de producción y distribución que elimine todas las diferencias de clase *si es que la entera sociedad moderna no tiene que perecer*".[12]

La diferencia entre el texto de Rosa Luxemburg y el de Engels es evidente: *1*] Engels plantea el problema, sobre todo, en términos económicos; Rosa, en términos *políticos*; *2*] Engels no suscita la cuestión de las *fuerzas sociales* que pueden decidir sobre uno u otro resultado: en todo el texto no se saca a escena más que fuerzas y relaciones de producción. Rosa, en cambio, subraya que es *la intervención consciente del proletariado* lo que hará "inclinarse la balanza" de un lado o de otro: *3*] Se tiene claramente la impresión de que la alternativa planteada por Engels es más

[12] Engels, *Anti-Dühring*, París, Sociales, 1950, p. 189, subrayado por nosotros. [Ed. esp., México, Grijalbo, 1964, p. 150.] Cf. también p. 197 [p. 158]: "... sus propias fuerzas productivas han rebasado el alcance de su dirección y empujan a toda la sociedad burguesa, como con necesidad natural, hacia la ruina o la subversión".

bien *retórica,* que se trata más de una demostración por el absurdo de la necesidad del socialismo que de una alternativa real entre el socialismo y el perecer de la sociedad moderna.

Parece ser, por lo tanto, que en último análisis, fue *la propia Rosa Luxemburg* quien (inspirándose en Engels) estableció *explícitamente,* por primera vez, el socialismo no como el producto "inevitable" de la necesidad histórica, sino como una *posibilidad* histórica objetiva. En este sentido, la consigna "socialismo o barbarie" significa que, en la historia, la *suerte no está echada.* La "victoria final" o la derrota del proletariado no están decididas de antemano por las "leyes de bronce" del determinismo económico, sino que dependen también de la acción consciente, de la voluntad revolucionaria de ese proletariado.

¿Qué significa "barbarie" en la consigna luxemburguiana? Para Rosa, la propia guerra mundial era una forma esporádica de vuelta a la barbarie, de destrucción de la civilización. Es, pues, innegable que para toda una generación, en Alemania y en Europa, la previsión de Rosa se reveló trágicamente verdadera: el fracaso de la revolución *socialista* en 1919 condujo, en último término, al triunfo de la *barbarie* nazi y a la segunda guerra mundial.

Sin embargo, en nuestra opinión, el elemento metodológicamente esencial en la consigna del folleto *Junius* no es la barbarie como única alternativa del socialismo, sino *el principio mismo de una alternativa histórica,* el principio mismo de una historia "abierta", en la cual el socialismo es una *posibilidad entre otras.* Lo importante, lo teóricamente *decisivo* en la fórmula, no es la "barbarie" sino el "*socialismo...*"

¿Significa esto que Rosa Luxemburg vuelva a la posición de Bernstein, a la concepción moralista abstracta del socialismo como simple opción ética, como ideal "puro" cuyo único fundamento sería esa engañifa conocida bajo el nombre de "los principios eternos de la justicia"? En realidad, la posición de Rosa en 1915 se distingue, o mejor dicho, se opone diametralmente, debido a dos aspectos cruciales, a la del revisionismo neokantiano:

1. El socialismo no es para Rosa el ideal de un humanismo "absoluto" y por encima de las clases, sino el de una moral *de clase*, de un humanismo proletario, de una ética que se sitúa *en el punto de vista del proletariado revolucionario.*

2. Sobre todo, el socialismo es para Rosa una posibilidad *objetiva*, es decir, fundada sobre lo real en sí, sobre las contradicciones internas del capitalismo, sobre las crisis y sobre el antagonismo de los intereses de las clases. Son las condiciones economicosociales las que determinan, en última instancia y a largo plazo, el socialismo como posibilidad objetiva. Ellas son las que trazan *los límites del campo de lo posible*: el socialismo es una posibilidad real a partir del siglo XIX, pero no lo era en el XVI, en la época de Thomas Munzer. Los hombres hacen la historia, su historia; pero la hacen en el interior de un marco determinado por las condiciones dadas.

Esta categoría de la posibilidad objetiva es eminentemente *dialéctica.* Hegel la emplea para criticar a Kant (posibilidad real contra posibilidad formal) y Marx la utiliza en su tesis de doctorado para distinguir entre la filosofía de la naturaleza de Demócrito y de Epicuro: "La posibilidad abstracta es precisamente la antípoda de la posibilidad real, esta última, como la razón, está encerrada dentro de límites precisos, la otra, como la imaginación, no conoce límites". La posibilidad real trata de demostrar la realidad de su objeto; para la posibilidad abstracta es preciso simplemente que este objeto sea concebible.[13]

[13] Marx, "Differenz der demokratischen und epikureischen Naturphilosophie", en *Texte zu Methode und Praxis,* I, Rohwolt, 1966, p. 144. En Lukács, en *Historia y consciencia*

Es, pues, porque existen contradicciones *objetivas* en el sistema capitalista y porque corresponde a los intereses *objetivos* del proletariado por lo que el socialismo es una posibilidad real. La infraestructura, las condiciones históricas concretas son las que determinan cuáles de las posibilidades son reales; pero la decisión entre las diversas posibilidades objetivas depende de la conciencia, la voluntad y la acción de los hombres.

La praxis revolucionaria, el factor subjetivo, la intervención consciente de las masas, guiadas por su vanguardia, alcanza ahora un *status completamente distinto* en el sistema teórico de Rosa. No se trata ya de un elemento secundario que haya de "apoyar" o "acelerar" la marcha "irresistible de la sociedad". No se trata ya del *ritmo*, sino de la *dirección* del proceso histórico. La "chispa animadora de la voluntad consciente" no es ya un simple factor "auxiliar", sino el que tiene la última palabra, el que es *decisivo*.[14]

Sólo en 1915, el pensamiento de Rosa deviene verdaderamente *coherente*. Si se acepta la premisa kautskyana de la inevitabilidad del socialismo, es difícil sustraerse a una lógica política expectante y pasiva. Mientras Rosa no justificaba sus tesis sobre la intervención revolucionaria más que por la necesidad de "acelerar" lo que era de todos modos inevitable, Kautsky podía fácilmente denunciar su estrategia como "impaciencia de rebelde" (rebellische Ungeduld). La ruptura metodológica definitiva entre Rosa Luxemburg y Kautsky no se produce hasta 1915, a través de la consigna "socialismo o barbarie".[15]

de clase, la conciencia revolucionaria del proletariado aparece precisamente bajo la forma conceptual de una *posibilidad objetiva.*

14 Cf. Basso, *op. cit.*, p. 48.

15 En 1915, la fe de Rosa en el porvenir de la humanidad se presenta, pues, en cierta medida, al modo de la *apuesta* pascaliana: *riesgo, posibilidad de fracaso, esperanza de éxito,* en un "juego" en el que se compromete la vida por un valor transindividual. La diferencia con Pascal está,

Agreguemos que en Lenin y Trotski ocurrió una evolución teórica del todo semejante: bajo el impacto traumático de la quiebra de la II Internacional, Lenin rompió no sólo al nivel político sino también al nivel *metodológico* con Kautsky (de quien se consideraba hasta entonces discípulo). Es el descubrimiento en 1914-15 de la dialéctica hegeliana (los *Cuadernos filosóficos*) y la superación del materialismo evolucionista vulgar de Kautsky y Plejanov, superación que constituye *la premisa metodológica de las tesis de abril de 1917.*[16] En cuanto a Trotski, en sus primeros escritos, como ocurre en *Nuestras tareas políticas* (1904), se proclama convencido "no sólo del crecimiento *inevitable* del partido político del proletariado, sino también de la victoria *inevitable* de las ideas del socialismo *revolucionario* en el interior de ese partido",[17] esperanza fatalista ingenua que iba también a decepcionarlo cruelmente en agosto de 1914... Meses después del comienzo de la guerra mundial, en un folleto publicado en Alemania, *La guerra y la Internacional* (1914) —folleto que fue precisamente leído por Rosa Luxemburg—, plantea ya Trotski el problema en otros términos completamente distintos: "El mundo capitalista se enfrenta a la alternativa siguiente: o bien la *guerra permanente*... o bien la *revolución proletaria".*[18] El principio metodológico es el mismo de la consigna luxemburguiana, pero la alternativa es diferente y

naturalemente: *a*) en el contenido de ese valor, y *b*) en su fundamentación objetiva en Rosa Luxemburg. Véase al respecto Lucien Goldmann, *Le dieu caché*, París, Gallimard, 1955, pp. 333-337 [hay ed. esp.], quien compara la apuesta pascaliana con la apuesta marxista.

[16] Cf. al respecto nuestro capítulo: "De la gran lógica de Hegel a la estación finlandesa de Petrogrado", en este mismo libro, pp. 117-137.

[17] Trotski, *Nos tâches politiques*, París, Pierre Belfond, 1970, p. 186 (subrayado por nosotros).

[18] En *The age of permanent revolution, a Trotsky Anthology*, Nueva York, Laurel, p. 79.

quizá todavía más realista, a la luz de la experiencia histórica de los últimos cincuenta años (dos guerras mundiales, dos guerras de Estados Unidos en Asia, etc.).

Al atribuir a la voluntad consciente y a la acción un papel determinante en la decisión del proceso histórico, Rosa Luxemburg no niega en modo alguno que esta voluntad y esta acción estén condicionadas por todo el desarrollo histórico anterior, por "toda la masa de las condiciones materiales acumuladas por la historia". Se trata, sin embargo, de reconocer al factor subjetivo, a la esfera de la conciencia, al nivel de la intervención política, su *autonomía parcial*, su especificidad, su "lógica interna" y su *eficacia propia.*

Ahora bien, nos parece que esta comprensión del papel del factor subjetivo, voluntario y consciente, es precisamente una de las principales premisas metodológicas de la *teoría del partido* de Lenin, el fundamento de su polémica con los economistas y los mencheviques. Así, a pesar de todas las divegencias innegables que continúan existiendo, incluso después de 1915, entre Rosa Luxemburg y Lenin, en cuanto a la problemática partido/masas, hay un acercamiento real, tanto en la práctica (constitución de la Liga Spartacus) como en la teoría: el folleto *Junius* proclama explícitamente que la intervención revolucionaria del proletariado, "apoderándose del timón de la sociedad", se hará "*bajo la dirección de la socialdemocracia*". Y, naturalmente, no se trata de la vieja socialdemocracia internacional que fracasó miserablemente en 1914, sino de una "nueva internacional obrera", que tomaría "la dirección y la coordinación de la lucha de clases revolucionarias contra el imperialismo mundial".[19] La significativa evolución de las ideas de Rosa Luxemburg al respecto la revela un hecho sintomático: en una carta a Rosa, en 1916, Karl Liebknecht

[19] Rosa Luxemburg, *Scritti politici*, pp. 446-450.

critica su concepción de la Internacional como "demasiado centralista-mecánica", con "demasiada 'disciplina', y demasiado poca espontaneidad", un eco lejano y paradójico de las críticas que la propia Rosa, en el pasado y en otro contexto, había hecho a Lenin.[20]

[20] Karl Liebknecht, "A Rosa Luxemburg — Remarques à propos de son projet de thèses pour le groupe 'Internationale' ", en *Partisans*, París, núm. 45, enero 1969, p. 113.

TERCERA PARTE

LENIN

CAPÍTULO VII

DE LA GRAN LÓGICA DE HEGEL A LA ESTACIÓN FINLANDESA DE PETROGRADO

Un hombre que dice semejantes necedades no es peligroso. (Stankevich, socialista, abril de 1917.)

¡Es un delirio! ¡Es el delirio de un loco! (Bogdanov, menchevique, abril de 1917.)

Son sueños insensatos... (Plejanov, menchevique, abril de 1917).

Durante numerosos años, el lugar de Bakunin en la revolución rusa ha permanecido vacío; ahora, lo ocupa Lenin. (Goldenberg, ex bolchevique, abril de 1917.)

Aquel día [el 4 de abril], el camarada Lenin no encontró partidarios declarados ni aun en nuestras filas. (Zalejski, bolchevique, abril de 1917.)

En cuanto al esquema general del camarada Lenin, nos parece inaceptable, en la medida en que presenta como terminada la revolución democrática burguesa y cuenta con una transformación inmediata de esta revolución en revolución socialista. (Kamenev, editorial de *Pravda*, órgano del partido bolchevique, 8 de abril de 1917.)

He aquí la acogida unánime que los representantes oficiales del marxismo ruso dispensaron a las tesis heréticas que Lenin había expuesto, primero a la multitud congregada en la plaza de la estación finlandesa de Petrogrado, desde el techo de un vagón blindado y, al día siguiente, ante los delegados bolcheviques y mencheviques del Soviet: las "tesis de abril". En sus célebres memorias, Sujanov (menchevique que después fue funcionario soviético) confiesa que la fórmula política central de Lenin —todo el poder para los soviets— "resonó como un trueno en un cielo completamente azul" y "dejó estupefactos y confundió a los más instruidos de sus fieles discípulos". Según Sujanov, un dirigente bolchevique llegó incluso a declarar que "ese discurso [el de Lenin] no había agravado las divergencias en el seno de la socialdemocracia, sino que, por el contrario, las había suprimido; ¡porque sólo podía haber un acuerdo entre bolcheviques y mencheviques frente a la posición de Lenin!"[1] El editorial del 8 de abril de *Pravda* confirmó momentáneamente esta impresión de unanimidad antileninista; según Sujanov, "parecía que los fundamentos marxistas del partido bolchevique permanecían sólidos e inquebrantables, que la masa del partido se levantaba contra Lenin para defender los principios elementales del socialismo científico de antaño; pero, ¡ay!, ¡nos equivocábamos!"[2]

¿Cómo explicar la extraordinaria tempestad que levantaron las palabras de Lenin y el coro de reprobación general que se abatió sobre ellas? La descripción ingenua pero reveladora de Sujanov sugiere la respuesta: *Lenin había precisamente roto* con el "socialismo científico de antaño", con cierta manera de comprender "los principios elementales" del marxismo, manera que era, en cierta medida, común a todas las corrientes de la socialdemocracia marxista en Rusia. La perplejidad, la confusión, la indignación o el desprecio con que fueron recibidas las tesis de abril por dirigentes mencheviques y bolcheviques a la vez, no son sino el síntoma del *corte radical* que implican con la tradición del "marxismo ortodoxo" de la II Internacional (nos referimos a la corriente hegemónica y no a la izquierda radical: Rosa Luxemburg). Tradición cuyo magnetismo mecánico-determinista-evo-

[1] Sujanov, *La révolution russe de 1917*, París, Stock, 1965, pp. 139, 140, 142.
[2] *Ibid.*, p. 143.

lucionista se cristalizaba en un silogismo político riguroso y paralizante:

Rusia es un país atrasado, bárbaro, semifeudal.
No está maduro para el socialismo.
La revolución rusa es una revolución burguesa.

Q. E. D.

Rara vez un viraje teórico fue más rico en consecuencias históricas que el iniciado por Lenin en su discurso de la estación finlandesa de Petrogrado. ¿Cuáles fueron las *fuentes metodológicas* de este viraje? ¿Cuál es la diferencia específica de su método en cuanto a los cánones de la ortodoxia marxista "de antaño"?

He aquí la respuesta del propio Lenin, en un escrito polémico dirigido *precisamente contra Sujanov*, en enero de 1923: "Todos se dicen marxistas, pero entienden el marxismo de la manera más pedantesca posible. No han comprendido en absoluto lo que tiene de esencial el marxismo, a saber: su dialéctica revolucionaria".[3] *Su dialéctica revolucionaria*: he aquí, *in nuce*, el lugar geométrico de la *ruptura* de Lenin con el marxismo de la II Internacional, y, en cierta medida, con *su propia conciencia filosófica "de antaño"*. Ruptura que comienza inmediatamente después de la primera guerra mundial, se alimenta de una vuelta a las fuentes hegelianas de la dialéctica marxista y desemboca en el reto monumental, "loco" y "delirante" de la noche del 3 de abril de 1917.

I. EL "VIEJO BOLCHEVISMO" O EL "MARXISMO DE ANTAÑO": LENIN ANTES DE 1914

Una de las primeras fuentes del pensamiento filosófico de Lenin antes de 1914 fue *La sagrada familia*, de

[3] Lenin, *Sur notre révolution (À propos des mémoires de N. Soukhanov)*, en *Œuvres*, Moscú, t. 23, p. 489.

Marx (1844) que leyó y resumió en un cuaderno de notas en 1895. Le interesó, particularmente, el capítulo titulado: "Batalla crítica contra el materialismo francés", que señala como "uno de los más preciosos del libro".[4] Ahora bien, este capítulo constituye precisamente el único escrito de Marx en el que éste "se adhiere" de una manera *no crítica* al materialismo francés del siglo XVIII, al cual presenta como la "base lógica" del comunismo. Las citas tomadas de ese capítulo de *La sagrada familia* constituyen una de las claves que permiten identificar al materialismo "metafísico" en una corriente marxista.

Por otra parte, es un hecho evidente y muy conocido que Lenin era, en esa época, *desde el punto de vista filosófico*, ampliamente tributario de Plejanov. Siendo *políticamente* mucho más flexible y radical que su maestro, que después de la ruptura de 1903 fue el principal teórico del menchevismo, Lenin aceptaba ciertas premisas ideológicas fundamentales del marxismo "predialéctico" de Plejanov y su corolario estratégico: el carácter *burgués* de la revolución rusa. Sin esta "base común" difícilmente puede comprenderse que, a pesar de su crítica severa e intransigente del "continuismo" de los mencheviques respecto de la burguesía liberal, hubiera podido aceptar, de 1905 a 1910, varias tentativas de reunificación de las dos fracciones de la socialdemocracia rusa. Por lo demás, fue en el momento de su mayor acercamiento político a Plejanov (contra el liquidacionismo 1908-1909) cuando escribió *Marxismo y empiriocriticismo*, obra donde la influencia filosófica del "padre del marxismo ruso" es visible y legible.

Lo que es notable y completamente característico en cuanto al Lenin anterior a 1914 es que la autoridad marxista que invocaba con frecuencia en sus

[4] Lenin, *Cahiers philosophiques*, París, Sociales, 1955, p. 30.

polémicas contra Plejanov no era otra que... Karl Kautsky. Por ejemplo, en un artículo de Kautsky sobre la revolución rusa (1906), ve "un golpe directo asestado a Plejanov" y subraya con entusiasmo la coincidencia entre los análisis kautskyanos y bolcheviques: "La revolución burguesa, realizada por el proletariado y el campesinado a pesar de la inestabilidad de la burguesía, es una tesis esencial de la táctica bolchevique, enteramente confirmada por Kautsky".[5]

Un análisis riguroso del principal texto político de Lenin de ese período, las *Dos tácticas de la socialdemocracia en la revolución democrática* (1905), demuestra con una claridad extraordinaria la *tensión* en el pensamiento de Lenin entre su realismo revolucionario genial y los límites que le impone el estrecho dogal del marxismo supuestamente "ortodoxo". Por una parte, se encuentran en él análisis luminosos y penetrantes sobre la incapacidad de la burguesía rusa para llevar a feliz término una revolución democrática, la cual no puede ser realizada sino por una alianza obrero-campesina que ejerza su dictadura revolucionaria. Habla, incluso, del *papel dirigente* del proletariado en esta alianza y, por momentos, parece tocar con el dedo la idea de una transición ininterrumpida hacia al socialismo: "Esta dictadura no podrá tocar (*sin pasar por toda una serie de grados intermedios de desarrollo revolucionario*) las bases del capitalismo".[6] Con este pequeño paréntesis, Lenin abre una ventana al paisaje desconocido de la revolución socialista, pero es para cerrarla al punto y volver al espacio cerrado, circunscrito por los límites de la ortodoxia. Estos límites los encontramos en las numerosas fórmulas de las *Dos tácticas...*, donde Lenin reafirma categóricamente el

[5] Lenin, *Œuvres*, Sociales, t. II, pp. 432, 433.

[6] Lenin, "Dos tácticas de la socialdemocracia en la revolución democrática", en *Obras completas*, Buenos Aires, Cartago, t. 9, p. 51, subrayado por nosotros.

carácter burgués de la revolución rusa, y condena "como reaccionaria" la idea de "buscar la salvación de la clase obrera en algo que no sea el mayor desarrollo del capitalismo".[7]

El argumento principal que presenta para apoyar esta tesis es el tema "clásico" del marxismo "predialéctico": Rusia no está madura para una revolución socialista: "El grado de conciencia y de organización de las grandes masas del proletariado (condición subjetiva, indisolublemente ligada a la condición objetiva) hacen imposible la liberación completa inmediata de la clase obrera. Sólo la gente más ignorante puede no tomar en consideración el carácter burgués de la revolución democrática que se está desarrollando".[8] Lo objetivo determina lo subjetivo, la economía es la convicción de la conciencia. He aquí, en dos palabras, a Moisés y a los diez mandamientos del Evangelio materialista de la II Internacional, que aplastaba con su peso la genial intuición política de Lenin.

La fórmula, que era la quintaesencia del bolchevismo de antes de la guerra, del "viejo bolchevismo", refleja en su seno todas las ambigüedades del primer leninismo: "la dictadura democrática revolucionaria del proletariado y del campesinado". La innovación profundamente revolucionaria de Lenin (que lo distinguía radicalmente de la estrategia menchevique)

[7] Lenin, *Dos tácticas...*, p. 44; cf. también p. 42: "Los marxistas están absolutamente convencidos del carácter burgués de la revolución rusa, ¿qué significa esto? Esto significa que las transformaciones democráticas en el régimen político y las transformaciones económicosociales, que se han convertido en una necesidad para Rusia, no sólo no implican de por sí el socavamiento del capitalismo, el socavamiento de la dominación de la burguesía, sino que, por el contrario desbrozarán por primera vez el terreno como es debido para un desarrollo vasto y rápido, europeo y no asiático, del capitalismo; por primera vez harán posible la dominación de la burguesía como clase".

[8] *Ibid.*, p. 24.

está expresada por la fórmula flexible y realista del *poder obrero y campesino*, fórmula de carácter "algebraico" (Trotski dixit) en la que el peso específico de cada clase no está determinado a priori. En cambio, el término aparentemente paradójico de "*dictadura democrática*" es el santo y seña de la ortodoxia, la presencia visible de los límites impuestos por el "marxismo de antaño": la revolución no es sino "democrática", es decir, *burguesa*; premisa que, como escribe Lenin en un pasaje revelador, "deriva necesariamente de toda la filosofía marxista", es decir, de la filosofía marxista tal como la concebían Kautsky, Plejanov y los otros ideólogos de lo que se había convenido en llamar en aquella época "la socialdemocracia revolucionaria".[9]

Otro tema de las *Dos tácticas...* que atestigua el obstáculo metodológico que constituía el carácter *analítico* de aquel marxismo, es el rechazo explícito y formal de la Comuna de París como modelo para la revolución rusa. Según Lenin, la Comuna se equivocó porque no sabía "distinguir los elementos de la revolución democrática y de la revolución socialista", porque "confundía las tareas de la lucha por la república con las tareas de la lucha por el socialismo". Por consiguiente, la Comuna fue "un gobierno *como no debe ser el nuestro* [el futuro gobierno revolucionario provisional]".[10] Veremos, más adelante, que éste fue precisamente uno de los puntos nodales por el que Lenin habría de emprender, en abril de 1917, la revisión desgarradora del "viejo bolchevismo"

[9] La única (o casi única) excepción a la regla de bronce era Trotski, que había sido el primero que, en *Resultados y perspectivas* (1905) [ed. esp., París, Ruedo Ibérico, 1971, 2 t.] superó el dogma del carácter burgués-democrático de la revolución rusa futura; estaba, sin embargo, políticamente neutralizado por su conciliacionismo organizacional.

[10] Lenin, *op. cit.*, p. 74, subrayado en el original.

II. EL "CORTE" DE 1914

"¡Es una falsificación del estado mayor alemán!", exclamó Lenin cuando se le enseñó el número de *Vorwärts* (órgano de la socialdemocracia alemana) con la noticia del voto socialista a los créditos de guerra, el 4 de agosto de 1914. Esta anécdota famosa (así como su obstinada negativa a creer que Plejanov se había pronunciado en favor de la "defensa nacional" de la Rusia zarista) ilustra a la vez las ilusiones que se hacía Lenin sobre la socialdemocracia "marxista", su asombro ante el fracaso de la II Internacional y el abismo que se abre entre él y los "ex ortodoxos" convertidos en socialpatriotas.

La catástrofe de ese 4 de agosto fue para Lenin la evidencia fulgurante de que había algo podrido en el reino de Dinamarca de la "ortodoxia" marxista oficial. El fracaso político de esta ortodoxia lo condujo, pues, a una profunda revisión de las premisas filosóficas del marxismo kautsky-plejanovista. "La bancarrota de la II Internacional en los primeros días de la guerra, incita a Lenin a reflexionar sobre los fundamentos teóricos de una traición tan profunda".[11] Será preciso algún día reconstituir precisamente el itinerario que condujo a Lenin del traumatismo de agosto de 1914 a la *Lógica* de Hegel, apenas un mes después. ¿Simple voluntad de volver a las fuentes del pensamiento marxista? ¿O intuición lúcida de que el talón de Aquiles metodológico del marxismo de la II Internacional era la incomprensión de la dialéctica?

Como quiera que fuese, no existe duda alguna de que su visión de la dialéctica marxista quedó profundamente transformada. Lo atestiguan no sólo el texto mismo de los *Cuadernos filosóficos*, sino también la

[11] Roger Garaudy, *Lenin*, París, P. U. F., 1969, p. 39. [Ed. esp., México, Grijalbo, 1970, p. 59.]

carta que envió el 4 de junio de 1915, apenas terminada la lectura de la *Ciencia de la Lógica* (17 de diciembre de 1914), al secretario de redacción de Ediciones Granat para preguntarle "si está todavía a tiempo de añadir [a su *Karl Marx*] algunas correcciones a la sección sobre la dialéctica".[12] Y no se trataba en absoluto de un "entusiasmo pasajero", puesto que siete años después, en uno de sus últimos escritos, *Sobre la significación del marxismo militante,* 1922, hacía un llamamiento a los editores y colaboradores de la revista teórica del partido (*Bajo el estandarte del marxismo*) a "constituir algo así como una 'Sociedad de amigos materialistas de la dialéctica hegeliana'." Insistía sobre la necesidad de "desarrollar esta dialéctica en todos sus aspectos [...], interpretarlos de un modo materialista, conectándolos con ayuda de ejemplos de la aplicación de la dialéctica por Marx..." [13]

¿Cuáles eran las tendencias (o al menos las tentaciones) del marxismo de la II Internacional que le daban su carácter predialéctico?

1] En primer lugar, la tendencia a suprimir la distinción entre el materialismo dialéctico de Marx y el materialismo "antiguo", "vulgar", "metafísico" de Helvetius, Feuerbach, etc. Plejanov, por ejemplo, llega a escribir algo tan asombroso como que las tesis sobre Feuerbach de Marx "no refutan las ideas fundamentales de este filósofo, sino que simplemente las modifican. [...] Marx y Engels colocan este pensamiento que se encuentra en la base de la filosofía de Feuerbach, en la base de la interpretación materialista de la historia". Por lo demás, Plejanov critica a Feuerbach y a los materialistas franceses del siglo XVIII por

[12] Garaudy, *op. cit.*, p. 60.

[13] Lenin, *Selected Works*, Moscú, t. 3, pp. 667-668. [Ed. esp., *Obras Escogidas*, Moscú, Progreso, 1966, t. 3, p. 693.] Esto es hoy muy actual, cuando se intenta de nuevo, invocando a Lenin, tratar al viejo Hegel de "perro muerto"...

tener una concepción demasiado... *idealista* en el campo de la Historia.[14]

2] La tendencia, que deriva de la primera, a reducir el materialismo histórico a un determinismo económico mecanicista en el que lo "objetivo" es siempre la causa de lo "subjetivo". Por ejemplo, Kautsky insiste infatigablemente sobre la idea de que "la dominación del proletariado y la revolución social no pueden producirse antes de que las condiciones preliminares, tanto económicas como psicológicas, de una sociedad socialista no estén suficientemente realizadas". ¿Cuáles son estas "condiciones piscológicas"? Según Kautsky, "inteligencia, disciplina, un talento de organización". ¿Cómo serán creadas estas condiciones? Realizarlas, "es la misión histórica del capital". Moral de la historia: "sólo allí donde el sistema de producción capitalista ha alcanzado un alto grado de desarrollo, permiten las condiciones económicas la transformación por el poder público de la propiedad capitalista de los medios de producción en propiedad social".[15]

3] La tentación de reducir la dialéctica a un evolucionismo darwinista, en el que las diferentes etapas de la historia humana (esclavitud, feudalismo, capitalismo, socialismo) se suceden según un orden rigurosamente determinado por las "leyes de la historia". Kautsky, por ejemplo, define el marxismo como "el estudio científico de las leyes de la evolución del organismo

[14] Plejanov, *Les questions fondamentales du marxisme.* París, Sociales, 1953, pp. 32-33. [Ed. esp., *Obras escogidas,* Buenos Aires, Quetzal, 1964, t. I, pp. 373-374.] Cf. también p. 25 [ed. esp., p. 368]: "La teoría del conocimiento de Marx proviene en línea recta de la de Feuerbach o, si se prefiere, es propiamente hablando la de Feuerbach, pero profundizada de una manera genial por Marx."

[15] Kautsky, "La révolution sociale", en P. Louis, *150 années de pensée socialiste,* M. Rivière, 1953, pp. 28, 29, 31.

social".[16] Kautsky había sido, en efecto, darwinista antes de hacerse marxista y, no sin motivo, su discípulo Brill definió su método como un "materialismo biológico-histórico..."

4] Una concepción abstracta y científico-naturalista de las "leyes de la historia", ilustrada de manera notable por la maravillosa frase que pronunció Plejanov, al ser informado sobre la Revolución de Octubre: "¡Pero, ésa es una violación de todas las leyes de la historia!"

5] Una tendencia a la recaída en el método *analítico*, no captando más que objetos "distintos y separados", estereotipados en su diferencia: Rusia-Alemania, revolución burguesa-revolución socialista, partido-masas, programa mínimo-programa máximo, etc.

Desde luego, Kautsky y Plejanov habían leído y estudiado a Hegel cuidadosamente; pero lo "absorbieron" y "digirieron", por decirlo así, en el seno de su sistema teórico, como precursor del evolucionismo o del determinismo histórico.

¿En qué medida constituyen las notas de Lenin sobre (o a propósito de) la *Lógica* de Hegel un reto al marxismo predialéctico?

1] En primer lugar, Lenin insiste sobre el abismo filosófico que separa el materialismo "bobo", es decir, "metafísico, no desarrollado, muerto, grosero" del materialismo marxista, que está más cercano, en cambio, del idealismo "inteligente", es decir dialéctico. Por consiguiente, critica a Plejanov con severidad por no haber escrito nada sobre la *Lógica* de Hegel, "es decir, *en el fondo* sobre la dialéctica como ciencia filosófica", y por haber criticado el kantismo desde

[16] *La question agraire.* [Ed. esp., Buenos Aires, Siglo XXI, 1974.] Plejanov, en cambio, había criticado, al menos en principio, el evolucionismo vulgar, apoyándose precisamente en la *Ciencia de la Lógica*, de Hegel. Cf. *Les questions fondamentales du marxisme*, p. 36. [Ed. esp., p. 377.]

el punto de vista del materialismo vulgar más bien que "a lo Hegel".[17]

2] Se apropia una comprensión dialéctica de la causalidad: "La causa y el efecto no son, ergo, sino momentos de la interdependencia universal, del vínculo (universal), de la conexión recíproca de los acontecimientos..." Al mismo tiempo, aprueba el proceso dialéctico por el cual disuelve Hegel la "oposición sólida y abstracta" de lo subjetivo y de lo objetivo y destruye su unilateralidad.[18]

3] Subraya la diferencia capital entre la concepción evolucionista vulgar y la concepción dialéctica del desarrollo: la una, "el desarrollo como disminución o aumento, como repetición" es algo muerto, pobre, árido; la otra, el desarrollo como unidad de los contrarios, es la única que "da la clave de los saltos", de la "ruptura en la sucesión", de la "transformación en el contrario", de la abolición de lo antiguo y del nacimiento de lo nuevo.[19]

4] Critica, con Hegel, "el carácter absoluto del concepto de *ley*", "su simplificación, su fetichización" (y agrega: "¡*N. B.* para la física moderna!"). Escribe, incluso, que "la ley, toda ley, es estrecha, incompleta, aproximada".[20]

5] Ve en la categoría de la *totalidad*, en el "desarrollo de todo el conjunto de los momentos de la realidad", *la esencia misma del conocimiento dialéctico.*[21] Vemos el uso que Lenin hace inmediatamente de este principio metodológico en el folleto que escribió por entonces, *El fracaso de la II Internacional*; somete a una crítica severa a los apologistas de la "defensa nacional" —que trataban de negar el carácter imperia-

[17] Lenin, *Cahiers philosophiques*, París, Sociales, pp. 148, 229, 230.

[18] *Ibid.*, pp. 132, 152, 171.

[19] *Ibid.*, p. 280.

[20] *Ibid.*, pp. 125, 126.

[21] *Ibid.*, p. 130; cf. también, pp. 135, 162, 195.

lista de la primera guerra mundial a causa del "factor nacional" de la guerra de los servios contra Austria—, subrayando que la dialéctica de Marx "veda justamente el examen aislado, es decir, unilateral y deformado del objeto estudiado".[22] Esto es de una importancia *capital* porque, como decía Lukács, el reinado de la categoría dialéctica de la totalidad es el portador del principio revolucionario en la ciencia.

El aislamiento, la fijación, la separación y la oposición abstracta de los diferentes momentos de la realidad están disueltos de una parte a través de la categoría de la totalidad, de otra por la comprobación, en Lenin, de que "la dialéctica es la teoría que demuestra... por qué el entendimiento humano no debe considerar a los contrarios como muertos, petrificados, sino como vivos, condicionados, móviles, convirtiéndose el uno en el otro".[23]

Naturalmente, lo que nos interesa aquí es menos el estudio del contenido filosófico de los *Cuadernos* "en sí", que el de sus *consecuencias políticas.* No es difícil encontrar el hilo rojo que conduce de las premisas metodológicas de los *Cuadernos* a las tesis de Lenin en 1917: de la categoría de la totalidad a la teoría del eslabón más débil de la cadena imperialista; de la conversión de los contrarios, el uno en el otro, a la transformación de la revolución democrática en revolución socialista; de la concepción dialéctica de la causalidad a la negativa de definir el carácter de la Revolución rusa sólo por la "base económica atrasada" de Rusia; de la crítica del evolucionismo vulgar a la "ruptura en la sucesión" en 1917; etc. Pero lo más importante es pura y simplemente que la lectura crítica, la lectura materialista de Hegel *liberó* a Lenin del dogal estrecho del marxismo seudo-ortodoxo de la II Internacional, del *límite teórico* que éste imponía a su pensamiento. El estudio de la lógica

[22] Lenin, *Œuvres,* París, Sociales, t. 21, p. 241.
[23] *Ibid.,* p. 90.

hegeliana fue el instrumento por medio del cual despejó Lenin el camino teórico que conduce a la estación finlandesa de Petrogrado.

En marzo-abril de 1917, liberado Lenin del obstáculo representado por el marxismo predialéctico, pudo, *bajo el impulso de los acontecimientos*, desembarazarse con bastante ligereza de su *corolario político*: el principio abstracto y petrificado según el cual "la Revolución rusa no puede ser sino burguesa — Rusia no está económicamente madura para una revolución socialista". Una vez franqueado este Rubicón, se puso a estudiar el problema desde un *ángulo práctico, concreto* y *realista*: ¿Cuáles son las medidas, constitutivas *de hecho*, de una transición hacia el socialismo, que se pueden hacer aceptar por la mayoría del pueblo, es decir, por las masas obreras *y campesinas*?

III. LAS TESIS DE ABRIL DE 1917

Realmente, las "tesis de abril" nacieron en marzo, más exactamente el 11 y el 26 de marzo, es decir, entre la tercera y la quinta *Carta de lejos*. El análisis riguroso de estos dos documentos (que, por lo demás, no fueron publicados en 1917) nos permite aprehender el movimiento mismo del pensamiento de Lenin. A la pregunta capital: ¿puede la revolución rusa adoptar medidas de transición hacia el socialismo?, Lenin responde en dos momentos. En el primero (carta 3), somete a discusión la respuesta tradicional; en el segundo (carta 5), da una respuesta nueva.

La carta 3 contiene en sí misma dos momentos yuxtapuestos, en una contradicción no resuelta. Lenin describe ciertas medidas concretas en el terreno del control de la producción y de la distribución que cree indispensables para el progreso de la revolución. Subraya, en primer lugar, que estas medidas no son *todavía* el socialismo, o la dictadura del proletariado; no exceden los límites de la "dictadura democrática revolucionaria del proletariado y de los campesinos pobres". Pero agrega inmediatamente esta frase paradójica que sugiere claramente una duda sobre lo que acaba de afirmar, es decir, un sometimiento explícito a revisión de las tesis "clásicas": "No se trata en este momento de proceder a una clasificación teórica de estas disposiciones. Se cometería el error más grave si se quisieran ajustar las tareas de la revolución, esas tareas prácticas, complejas, urgentes, y en vías de desarrollo rápido, al lecho de Procusto de una teoría petrificada..." [24]

Quince días después, en la carta 5, se franquea el abismo, el corte político queda consumado: las medidas mencionadas (control de la producción y de la repartición, etc.) "constituyen, consideradas en su conjunto y en su evolución, *una transición al socialismo*, el cual no podría instaurarse en Rusia directamente, de golpe, sin medidas transitorias, pero que es perfectamente realizable y se impone imperiosamente como consecuencia de tales disposiciones".[25] Lenin no se niega ya a una "clasificación teórica" de dichas medidas y las define no como "democráticas", sino como transitorias hacia el *socialismo*.

Mientras tanto, en Petrogrado, los bolcheviques se mantenían fieles al viejo esquema (trataban de acostar a la revolución rusa, muchacha rebelde, indomable y desenfrenada, en el "lecho de Procusto de una teoría petrificada...") y se encerraban en una política de espera prudente. *Pravda*, del 15 de marzo, concedía, incluso, un apoyo condicionado al gobierno provisional (¡segundo!) "en la medida en que éste combate

[24] Lenin, *Œuvres*, t. 23, pp. 257, 258.
[25] *Ibid.*, p. 370.

la reacción y la contrarrevolución"; y según el sincero testimonio del dirigente bolchevique Chliapnikov, en marzo de 1917, "estábamos de acuerdo con los mencheviques para decir que pasábamos por una fase de demolición revolucionaria de las relaciones de feudalismo y de servidumbre, que iban a ser sustituidas por todo género de 'libertades' peculiares de los regímenes burgueses".[26]

Se comprenderá su sorpresa cuando las primeras palabras que dirigió Lenin, en la estación finlandesa de Petrogrado, a la multitud de los obreros, soldados y marinos, fueron un llamamiento a *luchar por la revolución socialista.*[27]

En la noche del 3 de abril y al día siguiente, expuso al partido las "tesis de abril" que produjeron, según el bolchevique Zalejski, miembro del comité de Petrogrado, *el efecto de la explosión de una bomba.* Por otra parte, el 8 de abril, ese mismo comité de Petrogrado *rechazó las tesis de Lenin por 13 votos contra 2, con una abstención.*[28] Y hay que decir que las "tesis

[26] Trotski, en *Histoire de la révolution russe*, París, Seuil, 1967, t. I, pp. 333, 336. [Hay. ed. esp.]

[27] Véanse los recuerdos de F. Somilov, en *Lénine tel qu'il fut*, Moscú, Livre Étranger, 1958, p. 673. Cf. igualmente las notas taquigráficas que tomó el bolchevique Bonch-Bruevitch del primer discurso de Lenin en la estación: "Tenéis que luchar por la Revolución socialista, luchar hasta el fin, hasta la victoria completa del proletariado. ¡Viva la revolución socialista!", en G. Golikov, *La Révolution d'Octobre*, Moscú, Progrès, 1966.

[28] Trotski, *op. cit.*, p. 358. Cf. E. H. Carr, *The Bolshevik Revolution, 1917-1923*, Londres, Macmillan, 1950, col. I, p. 77 [hay ed. esp.]: "Nadie había discutido aún el punto de vista de que la revolución rusa no era, ni podía ser, sino una revolución burguesa. Este era el marco doctrinal sólido y aceptado en el cual debía insertarse la estrategia política. Era difícil descubrir, en el interior de tal marco, una razón urgente cualquiera para rechazar a priori al Gobierno Provisional, que era sin duda burgués, o pedir que se diera el poder a los soviets, que eran esencialmente proletarios... Era la cuadratura del círculo. Le tocó, pues, a Lenin romper,

de abril" se hallaban, en cierta medida, *rezagadas* respecto de las conclusiones alcanzadas ya en la carta 5, en cuanto que no hablan explícitamente de transición hacia el socialismo. Parece que Lenin, ante el asombro y la perplejidad de sus camaradas, se vio conducido a moderar parcialmente sus palabras. En efecto, las tesis de abril hablan ciertamente de *transición* entre la primera etapa de la revolución y la segunda, "que debe dar el poder al proletariado y a las capas pobres del campesinado"; pero esto no se halla necesariamente en contradicción con la fórmula tradicional del "viejo bolchevismo" (excepto la mención de las "capas pobres" en lugar del campesinado como un todo, lo cual es, naturalmente, muy significativo), puesto que el *contenido* de las tareas de ese poder (¿democráticas tan sólo o ya socialistas?) no está definido. Lenin subraya, incluso, que "nuestra tarea *inmediata* no es 'introducir' el socialismo, sino únicamente pasar en seguida al *control* de la producción social y de la repartición de los productos por los Soviets de los diputados obreros", fórmula flexible en la que la caracterización del contenido de tal "control" no se determina.[29] El único tema que, al menos implícitamente, es una revisión de la antigua concepción bolchevique es el del *Estado-Comuna* como modelo para la República de los Soviets, y esto por dos razones:

a] la Comuna se definía tradicionalmente en la literatura marxista como la primera tentativa de *dictadura del proletariado*;

ante los ojos asombrados de sus discípulos, el marco doctrinal mismo." Cf. también el testimonio del bolchevique Olminski, citado por Trotski, *op. cit.*, pp. 366, 367: "La revolución que se inicia no puede ser otra cosa que una revolución burguesa... Era un fallo obligatorio para todo miembro del partido. Era la opinión oficial del partido, una conquista constante e invariable, hasta la Revolución de febrero de 1917, e incluso todavía durante algún tiempo después."

[29] Lenin, *Œuvres*, t. 24, pp. 12, 14.

b] el propio Lenin había caracterizado la Comuna como un gobierno obrero que había querido realizar, *a la vez, una revolución democrática y una revolución socialista.* A esto se debe que Lenin, prisionero del "marxismo de antaño", la criticara en 1905. Por la misma razón que Lenin, el dialéctico revolucionario, *la toma por modelo* en 1917. El historiador E. H. Carr tiene, por lo tanto, razón al destacar que los primeros artículos de Lenin después de su llegada a Petrogrado "implicaban la transición al socialismo, pero se detenían al borde de proclamarlo explícitamente".[80] Esta explicación se haría en el curso del mes de abril, a medida que Lenin fuera ganando las bases del partido bolchevique para su línea política. Se hace sobre todo en torno de dos ejes: la revisión del "viejo bolchevismo" y la perspectiva de transición al socialismo. El texto capital a tal respecto es un folletito —poco conocido—, *Cartas sobre la táctica,* redactado entre el 8 y el 13 de abril, probablemente bajo el impulso del editorial anti-Lenin de *Pravda,* del 8 de abril, en el que se encuentra esta frase clave que resume el viraje histórico efectuado por Lenin y su ruptura definitiva, explícita y radical con lo que había de caduco en el bolchevismo "de antaño": "Todo aquel que, *hoy,* no habla más que de la dictadura democrática revolucionaria del proletariado y del campesinado, se halla retrasado con respecto a la vida, *se ha pasado* por este hecho, prácticamente, a la pequeña burguesía, y merece ser relegado a los archivos de las curiosidades prerrevolucionarias 'bolcheviques', a los archivos de los 'viejos bolcheviques', podría decirse".[81] En el mismo folleto,

[80] E. H. Carr, *op. cit.*

[81] Lenin, *Œuvres,* t. 24, p. 35. Cf., también, p. 41: "La fórmula del camarada Kamenev, inspirada en el viejo *bolchevismo*: 'La revolución democrática no está terminada', ¿tiene en cuenta esta realidad? No, esta fórmula está caduca. Ya no sirve para nada. Está muerta. En vano se intentará resucitarla".

Lenin, a la vez que niega querer introducir "inmediatamente" el socialismo, afirma que el poder soviético adoptará medidas "para marchar al socialismo". Por ejemplo, "el control de la banca, la fusión de todos los bancos en uno solo no son *todavía* el socialismo, sino *un paso* hacia el socialismo".[32]

En un artículo publicado el 23 de abril, Lenin define en los términos siguientes lo que distingue a los bolcheviques de los mencheviques, en tanto que los últimos "están de parte del socialismo, pero estiman que sería prematuro pensar en él y tomar desde ahora medidas prácticas para realizarlo", los primeros piensan que los Soviets "deben tomar inmediatamente todas las medidas prácticamente realizables para hacer triunfar el socialismo".[33]

¿Qué significa "medidas prácticamente realizables"? Para Lenin, esto quiere decir, sobre todo, *unas medidas que pueden recibir el apoyo de la mayoría de la población.* Es decir, no sólo de los obreros, sino también de las masas campesinas. Lenin, liberado del límite teórico impuesto por el esquema predialéctico —"el paso al socialismo es objetivamente irrealizable"—, se ocupa ahora de las condiciones politicosociales reales para asegurar "unos pasos hacia el socialismo". Así, en su discurso al VII Congreso del partido bolchevique (24-29 de abril), plantea el problema de una manera realista y concreta: "Hay que hablar de actos y de medidas prácticas... No podemos ser partidarios de 'introducir' el socialismo. La mayoría de la población está formada en Rusia por campesinos, por pequeños propietarios, que no pueden en modo alguno desear el socialismo. Pero, ¿qué podrían objetar a la creación, en cada pueblo, de un banco que les permitiera mejorar su explotación? En cuanto a esto, no pueden decir nada en contra. Debemos preconizar

[32] *Ibid.*, p. 44.

[33] Lenin, "Les partis politiques en Russie et les tâches du prolétariat", *Œuvres*, t. 24, p. 89.

estas medidas prácticas entre los paisanos y afirmar en ellos la conciencia de esta necesidad".[34] "Introducir" el socialismo significa, en este contexto, la imposición inmediata de la socialización total "por arriba", contra la voluntad de la mayoría de la población. Lenin, en cambio, se propone obtener el apoyo de las masas campesinas para ciertas medidas concretas, de carácter objetivamente socialista, tomadas por el poder soviético (con hegemonía obrera). Con una diferencia de matices, esta concepción se parece asombrosamente a la defendida desde 1905 por Trotski: "la dictadura del proletariado apoyada por el campesinado", que efectúa el paso *ininterrumpido* de la revolución democrática a la revolución socialista. Si Lenin fue llamado "trotskista" por el "viejo bolchevique" Kamenev, en abril de 1917, no fue, pues, por casualidad...[35]

CONCLUSIÓN

No hay duda de que las "tesis de abril" representan un "corte" teórico-político con la tradición del bolchevismo anterior a la guerra. Dicho esto, no es menos cierto que, en la medida en que Lenin había, ya en 1905, preconizado la alianza revolucionaria del proletariado y del campesinado (y la profundización radical de la revolución *sin* o incluso *contra* la burguesía liberal), el "nuevo bolchevismo" nacido en abril

[34] Lenin, *op. cit.*, p. 241.

[35] Cf. Trotski, *The permanent revolution*, Londres, New Park Publication, 1962, pp. 73, 97. [Hay ed. esp.] No se debe olvidar, por otra parte, que tanto para Lenin como para Trotski existía un "límite objetivo" para el socialismo en Rusia, en la medida en que una *sociedad socialista consumada* —abolición de las clases sociales, etc.—, no podría establecerse en un país *aislado* y *atrasado*.

de 1917 es el heredero auténtico y el hijo legítimo del "viejo bolchevismo".

Por otra parte, si bien es innegable que los *Cuadernos* constituyen una ruptura filosófica con el "primer leninismo", hay que reconocer también que el método *empleado* en los escritos políticos de Lenin, antes de 1914, era mucho más "dialéctico" que el de Plejanov o Kautsky.

Finalmente, y para evitar equívocos posibles, no hemos querido en modo alguno sugerir que Lenin "dedujera" las tesis de abril de la *Lógica* de Hegel... Estas tesis son el producto de un pensamiento realista revolucionario frente a una situación nueva: la guerra mundial, la situación objetivamente revolucionaria que creó en Europa, la revolución de febrero, la derrota rápida del zarismo, la aparición masiva de los Soviets. Ellas son el resultado de lo que constituye la esencia misma del método leninista: *un análisis concreto de una situación concreta.* La lectura crítica de Hegel ayudó precisamente a Lenin a liberarse de una teoría abstracta y petrificada que *se interponía como obstáculo a este análisis concreto*: la seudoortodoxia predialéctica de la II Internacional. En este sentido, y en éste solamente, es como se puede hablar del itinerario teórico que conduce a Lenin del estudio de la *Lógica*, en la biblioteca de Berna, en septiembre de 1914, a las palabras de desafío que "estremecieron al mundo", lanzadas por primera vez, la noche del 3 de abril de 1917, en la estación finlandesa de Petrogrado.

CAPÍTULO VIII

NOTAS HISTÓRICAS SOBRE EL MARXISMO RUSO

El marxismo ruso ha producido a dos de los más grandes pensadores del movimiento obrero internacional: Lenin y Trotski. Paradójicamente, la hegemonía ideológica de ambos no se ejerció realmente en Rusia sino durante un período muy breve: de 1917 a 1923. Antes y después de este transcurso, el marxismo ruso estará dominado por distintas corrientes teóricas cuyo centro de gravedad común es el materialismo vulgar y el determinismo fatalista. Trataremos de demostrar esta unidad asombrosa de las diversas tendencias e ideologías pre y posleninistas en el seno del marxismo en Rusia, las cuales constituyen las fuentes históricas de la doctrina soviética oficial de nuestros días.

El marxismo ruso como movimiento intelectual y político apareció a fines del siglo XIX a través de un violento combate ideológico contra el populismo. El dirigente de esta batalla y el "padre del marxismo ruso", Giorgi Valentinovich Plejanov, opuso al subjetivismo *narodnik*,* a sus sueños románticos de un socialismo campesino y a su voluntarismo, un análisis marxista de la realidad socioeconómica objetiva, es decir, del proceso de desarrollo capitalista en Rusia. Sin embargo, llevado por su rechazo total del voluntarismo *narodnik*, Plejanov se inclinó hacia una interpretación mecanicista-determinista del marxismo, la cual caracteriza sus obras filosóficas, políticas e incluso estéticas.

* *Narodnik*: popular, del pueblo. [T.]

En su escrito filosófico más importante, *Las cuestiones fundamentales del marxismo* (1908), Plejanov habla del "spinozismo de Marx y Engels" como representante del materialismo moderno. Agrega, eso sí, que se trata de un spinozismo "purgado de su apéndice teológico"; pero, con excepción de este "apéndice" no parece advertir ninguna diferencia fundamental entre el pensamiento de Marx y el de Spinoza... En *La concepción monista de la historia* (1895), Plejanov hace suyo un argumento determinista metafísico de Spinoza, que trata de probar que los hombres no tienen más libertad que una piedra: "Una causa externa ha comunicado a una piedra determinada cantidad de movimiento... Suponed ahora que la piedra piensa que tiene conciencia de su movimiento, que le hace experimentar placer, pero que no conoce sus causas, que ignora incluso que existe alguna causa externa a ese movimiento. ¿Cómo se lo representará entonces? Indiscutiblemente como el resultado de su propio deseo, de su libre albedrío: dirá que se mueve porque quiere moverse". Plejanov reconoce que esta explicación parecerá a "muchos lectores" como propia de un "materialismo grosero"; pero, en su opinión, es correcta y en apoyo de esta tesis subraya que el pensamiento humano puede ser explicado por "determinado movimiento de las fibras cerebrales..."[1]

La teoría política menchevique de Plejanov es rigurosamente coherente con su filosofía (bastante próxima al "materialismo grosero"): las condiciones económicas objetivas no están maduras para una revolución socialista en Rusia. Faltan los presupuestos materiales de tal transformación, etc.

Incluso los escritos de Plejanov sobre el arte y la estética presentan el mismo aspecto determinista-fatalista: "Si un manzano *debe* dar manzanas, un peral

[1] Plejanov, *Œuvres philosophiques,* Moscú, Ed. en Langues Étrangères, s.f., p. 605.

peras... el arte de una época decadente *debe* ser decadente. Es inevitable".[2] La opinión de Marx sobre la relación existente entre el arte y el progreso o la decadencia social era mucho más matizada: "En lo concerniente al arte, ya se sabe que ciertas épocas de florecimiento artístico no están de ninguna manera en relación con el desarrollo general de la sociedad..."[3] La comparación con los árboles frutales es típica de una concepción materialista "reificada" de la historia, concebida como un proceso gobernado por "leyes objetivas", semejantes a las leyes de la naturaleza, e independientes de la voluntad o de la praxis humana. El concepto de que una sociedad está "madura" o no para una revolución socialista corresponde a la misma problemática social-naturalista.

Las ideas de Plejanov predominaron en el marxismo ruso hasta el triunfo de Lenin en 1917, y reaparecieron bajo una forma nueva y distinta después de la muerte de Vladimir Ilich en 1924. El proceso teórico de Lenin puede ser considerado como una especie de interregno excepcional en la historia del pensamiento marxista ruso. Lenin trató de superar la antítesis determinismo-voluntarismo y de unir en una síntesis dialéctica lo objetivo y lo subjetivo, el desarrollo capitalista en Rusia y el papel de la conciencia de clase, de la organización y la acción revolucionaria. No hizo *tabula rasa* de la tradición populista, como Plejanov. Su crítica de los *narodnik* no es una negación abstracta, sino una superación dialéctica (Aufhebung). Además, una de sus primeras polémicas ideológicas estuvo dirigida precisamente contra las tendencias economistas aparecidas en el seno de la socialdemocracia rusa (*¿Qué hacer?*, 1902). Las divergencias filosóficas

[2] Plejanov, *L'art de la vie sociale*, París, Sociales, 1949, p. 145.

[3] *Grundrisse der Kritik der Politischen Ökonomie*, Europäische Verlaganstalt, p. 30. [Ed. esp., México, Siglo XXI, 1971, t. I, p. 31.]

entre Lenin y Plejanov estaban implícitas ya en sus primeros escritos, pero se vuelven del todo claras y tajantes después de 1914, cuando Lenin critica, en sus *Cuadernos filosóficos*, el materialismo vulgar de Plejanov y su incomprensión de la dialéctica hegeliana. A nivel político, el contraste entre la estrategia y la táctica revolucionarias preconizadas por Lenin en 1905 y 1917 y las opiniones pasivas y fatalistas de Plejanov es muy conocido, y no hay necesidad de desarrollarlo aquí.

En cuanto a Trotski, fue iniciado en el marxismo por las obras de Labriola, uno de los raros filósofos marxistas de la época que tuvo una comprensión exacta de la relación Marx/Hegel y que criticó el positivismo. Los escritos políticos de Trotski se distinguen, desde el comienzo de las tendencias dominantes en la social-democracia rusa, por su carácter dialéctico. La teoría de la revolución permanente, metodológicamente fundada sobre las categorías de la totalidad (la economía mundial como un todo que rebasa las fronteras nacionales) y de la unidad contradictoria (la ley del desarrollo desigual y combinado), no hubiera podido ser elaborada más que por un pensamiento que hubiese franqueado la barrera ideológica del materialismo metafísico que pesaba sobre el marxismo ruso. El método marxista de Trotski puede resumirse en una fórmula notable, escrita en 1929: "La escolástica no quiere comprender que entre el determinismo mecanicista (fatalismo) y la *arbitrariedad subjetiva está la dialéctica materialista*".[4]

Pero incluso en el curso del breve período de hegemonía del pensamiento de Lenin y Trotski en el seno del marxismo ruso (1917-1923), había en el propio partido bolchevique unas corrientes materialistas

[4] Trotski, *L'Internationale après Lénine*, París, Presses Universitaires, 1970, p. 70. Véase, al respecto, la excelente obra de Denise Avenas, *Économie et politique dans la pensée de Trotsky*, París, Maspero, 1970.

predialécticas representadas, ante todo, por Nikolai Bujarin. Hasta 1928, se consideraba generalmente a Bujarin como el principal ideólogo y pensador marxista del partido; el propio Lenin lo estimaba y lo ha designado en su célebre testamento como "el más valioso y el más grande teórico del partido"; pero hacía al mismo tiempo las mayores reservas en cuanto a sus ideas filosóficas, y añadía en ese mismo documento: "Jamás ha aprendido nada, y creo que jamás ha comprendido realmente la dialéctica".

Una crítica semejante fue formulada por Lukács contra la principal obra filosófica de Bujarin, *La teoría del materialismo histórico, un manual de sociología marxista* (1921). Según Lukács, el punto de vista de Bujarin está peligrosamente próximo al materialismo burgués, contemplativo, "ciencia-naturalista". Esto es particularmente visible en la tendencia de Bujarin a explicar el desarrollo histórico y social como determinado por la *técnica* económica, y en su uso poco crítico, no dialéctico y ahistórico del método de las ciencias de la naturaleza para el conocimiento de la sociedad.[5]

Un bello ejemplo de su método materialista *mecanicista* (en sentido estricto) y de su interpretación fatalista de la historia y de la sociedad puede verse en el *ABC del comunismo* (1919), la obra más conocida de Bujarin, en colaboración con Preobrazenski:

"Del mismo modo en que se estudia una máquina cualquiera, un reloj, por ejemplo, ha examinado Marx el régimen capitalista donde los industriales y los propietarios rurales reinan, y donde los obreros y campesinos están oprimidos. Supongamos que al observar el reloj, advertimos que una de sus ruedas está mal ajustada a otra, y que a cada vuelta, se van enredando

[5] Cf. Lukács, "N. Bucharin, *Theorie des historischen Materialismus*, Hamburgo, 1922 (Literaturbericht)", *Archiv für die Geschichte des Sozialismus und die Arbeiterbewegung*, XI, Leipzig, 1925, pp. 216-218, 224.

cada vez más; podemos prever, después de esto, que el reloj va a romperse y a detenerse... La sociedad capitalista se parece a un mecanismo mal ajustado, una parte del cual engrana en la otra. Por eso, tarde o temprano, esa máquina se romperá en pedazos, *inevitablemente*".[6] Tal es precisamente el punto de vista metodológico del "viejo" materialismo, el materialismo burgués del siglo XVIII; Sieyés escribía en su libelo *¿Qué es el tercer Estado?* (1789): "Jamás se comprenderá el mecanismo social, si no se adopta el partido de analizar una sociedad *como una máquina ordinaria...*"

De 1928 a 1953, el universo ideológico soviético fue dominado por el ex aliado de Bujarin: Josef Vissarianovich Stalin. Una definición exacta de la significación filosófica del stalinismo es singularmente complicada a causa del carácter pragmático, "sinuoso" y cambiante del pensamiento de Stalin, con su alternancia de períodos de "izquierda" y de "derecha". Sin embargo, a pesar de la presencia de temas voluntaristas en ciertos escritos de Stalin, el análisis de Marcuse nos parece esencialmente correcto: la filosofía stalinista concibe el proceso histórico como un proceso "natural" regido por leyes objetivas que existen por encima de los individuos, leyes que gobernarían no sólo el capitalismo, sino también la sociedad socialista.[7]

Este "mal" materialismo puede ser encontrado de nuevo en los escritos teóricos de Stalin, desde el primero hasta el último. En una de sus obras de juventud, *¿Anarquía o socialismo?* (1906-1907), sostiene categóricamente que el cambio del aspecto material, de las condiciones *externas*, precede necesariamente al cambio del aspecto ideal, de la conciencia. Primero se transforman las condiciones materiales, y sólo *des-*

[6] Bujarin y Preobrazhensky, *The ABC of communism*, Londres, Penguin, 1969, pp. 66, 113.

[7] Herbert Marcuse, *Soviet marxism*, Nueva York, Vintage Books, 1961, p. 134. [Hay ed. esp.]

pués, como consecuencia, cambian el pensamiento, los hábitos y la concepción del mundo de las personas. Según Stalin, el monismo materialista de Marx no tiene nada en común con el "absurdo paralelismo" que pretende que el aspecto material e ideal no se preceden el uno al otro, sino que se desarrollan juntos, paralelamente.[8]

Ahora bien, Marx, en la III tesis sobre Feuerbach proclama explícitamente que en la praxis revolucionaria existe "coincidencia entre el cambio de las circunstancias y el autocambio del hombre". La praxis humana está al mismo tiempo condicionada por una situación objetiva determinada, y crea nuevas condiciones y una nueva situación. La praxis es la unidad dialéctica de lo objetivo y de lo subjetivo, de las condiciones materiales y de la voluntad humana, de la base económica y de las fuerzas ideológicas. El único texto de Marx que puede citar Stalin en apoyo de su tesis es un pasaje de *La sagrada familia* (1844), es decir, de una obra que es todavía en cierto sentido "premarxista" y que es precisamente el único escrito en el que Marx parece identificarse casi totalmente con el materialismo francés del siglo XVIII.

En el último gran libro de Stalin, *Los problemas económicos del socialismo en la URSS* (1952), se encuentra una exposición absolutamente clásica de la concepción objetivista, "ciencia-naturalista" de la historia. Stalin insiste en el carácter objetivo de las leyes de economía política, *incluso bajo el socialismo*. Según él, hay que distinguir radicalmente las leyes de la ciencia, "que reflejan procesos objetivos en la naturaleza o la sociedad", de las leyes promulgadas por gobiernos, "que han sido hechos por la voluntad de los hombres". Se deduce de esto que para él la voluntad de los hombres no tiene poder alguno sobre los procesos objetivos de la sociedad... En efecto, según

[8] Stalin, *Œuvres*, París, Sociales, 1953, t. I, pp. 262, 264, 272.

Stalin, "el marxismo considera las leyes de la ciencia —ya sean las leyes de la ciencia de la naturaleza o de la economía política— como el reflejo de un proceso objetivo que se desarrolla independientemente de la voluntad de los hombres. El hombre puede descubrir estas leyes, puede conocerlas, estudiarlas, tomarlas en consideración en sus actividades y utilizarlas en interés de la sociedad, pero no puede cambiarlas o abolirlas. Aún menos puede formar o crear nuevas leyes de la ciencia..." [9] Una vez más, para el materialismo contemplativo y naturalista, así como para la economía política burguesa, el proceso economicosocial está comprendido como un objeto gobernado por "leyes naturales" y no como una totalidad de relaciones sociales entre seres humanos activos, como una praxis historicosocial.

La ideología soviética del período contemporáneo es la heredera directa de la tendencia "objetivista" del marxismo ruso. El papel decisivo de las condiciones materiales económicas objetivas es el leitmotiv de las proclamas políticas soviéticas de los últimos diez años, y el principio constitutivo de toda su concepción de la construcción del socialismo y de la "línea general" del movimiento obrero internacional. Tal es el sentido y la significación ideológica de la insistencia sobre la ley objetiva del valor, las leyes objetivas del mercado, el criterio objetivo del provecho, las categorías mercantiles y el estímulo material en la economía socialista. Desde este punto de vista es que hay que comprender y explicar la doctrina de Jruschov sobre el triunfo mundial del comunismo gracias al rebasamiento de la economía norteamericana por la soviética: "Toda la marcha del desarrollo social confirma la previsión de Lenin según la cual es la construcción económica de los países del socialismo vencedor la que influye sobre todo en el desarrollo de la revolución mundial. *La*

[9] Stalin, *Economic problems of socialism in the USSR*, Moscú, 1952, pp. 5-6.

competencia económica pacífica es la palestra donde se enfrentan los sistemas socialistas y capitalistas".[10]

En los escritos de Jruschov (lo mismo que en numerosas obras económicas soviéticas) se tiene en cuenta frecuentemente el agravamiento de la crisis general del capitalismo que, es de suponerse, conduciría inevitablemente al derrumbamiento del sistema. Para Jruschov, como para Plejanov y Bujarin, las leyes de la evolución social "son tan infalibles como las de la naturaleza, en el sentido de que su acción es objetiva".[11]

Si tomamos al azar cualquier texto soviético reciente, encontraremos la misma problemática. Por ejemplo, en un artículo de mayo de 1972, Andrei Kirilenko (miembro del buró político del PCUS) subraya el carácter "profundamente realista" de la política económica del PCUS, que "sostiene con toda la autoridad del partido" las "tendencias progresistas que se desarrollan objetivamente". En cuanto a la política exterior de la URSS, tiene por misión "consolidar las tendencias favorables que apuntan".[12]

Una vez más, el papel de la dirección económica y política es, para esta visión del mundo, menos un papel de *intervención*, de *iniciativa*, de *alteración* (la "umwälzende Praxis" de que hablaba Engels), que de sostén y consolidación de "tendencias objetivas" que se desarrollan por sí mismas.

[10] Nikita Khrouchtchev, *Le communisme est la paix et le bonheur des hommes*, Moscú, 1963, t. 2, p. 272, subrayado por nosotros.

[11] *Ibidem*, p. 401.

[12] A. Kirilenko, "Un año después del 24º Congreso", *La nouvelle revue internationale*, mayo 1972, pp. 13, 22.

CUARTA PARTE

SOBRE EL MARXISMO EN AMÉRICA LATINA

CAPÍTULO IX

GUEVARA, MARXISMO Y REALIDADES ACTUALES DE AMÉRICA LATINA

Como todo el mundo sabe, existe un "mito Che Guevara". Él es el Don Quijote del comunismo, el Saint-Just marxista, el Cid Campeador de los condenados de la tierra, el Cristo laico, el demonio bolchevique con el cuchillo entre los dientes, etcétera. Todo esto es muy interesante, y está pidiendo un estudio sociológico apasionante. Pero no es el tema que hoy quiero estudiar y discutir. Lo que me interesa es el pensamiento de Guevara que, en nuestra opinión, constituye una significativa contribución para el marxismo, especialmente sobre tres aspectos: en primer lugar, el problema del hombre nuevo, de la significación del comunismo como sociedad cualitativamente nueva; después, el problema económico de las formas de transición al socialismo, el problema de las relaciones entre la ley del valor y el plan; en tercer lugar, el problema de la sociología de la revolución. Quisiera discutir el problema de la sociología de la revolución, lo que evidentemente implica el problema de la guerrilla pero, en nuestra opinión, la guerrilla en el pensamiento de Guevara sólo tiene sentido dentro del marco de su sociología de la revolución. Quisiera discutir, sobre todo, la *teoría* de Guevara sobre la revolución, pero planteando aquí y allá el problema de saber en qué medida sus teorías eran operacionales o no. Voy a comenzar por una cita perteneciente a un texto escrito en junio de 1959. Téngase presente.

Hemos visto que como resultado del desarrollo económico del país, la contradicción que se acentuaba cada vez más, era la que oponía la nación al imperialismo norteamericano y sus agentes internos. Esta contradicción ha pasado a ser la principal y dominante, y determinaba el proceso de transformación en la disposición de las fuerzas sociales. Aparecían unas condiciones cada vez más favorables para unificar amplias fuerzas contra el imperialismo norteamericano, el enemigo principal de la nación; objetivamente, se acumulaban factores, que conducían a la formación de un frente único contra el imperialismo norteamericano y sus agentes internos, frente que puede reunir el proletariado, los campesinos, la pequeña burguesía urbana, la burguesía, los latifundistas que tienen contradicciones con el imperialismo norteamericano, y los capitalistas vinculados a grupos imperialistas rivales de los monopolios norteamericanos. No hemos sido capaces de distinguir en la experiencia histórica universal de la gran revolución socialista de Octubre, los rasgos esenciales válidos para todos los países y los aspectos particulares y singulares cuya repetición no es obligatoria fuera de Rusia. A esto se debe que juzgáramos el camino de la lucha armada como el único admisible para la revolución, sin advertir que en las nuevas condiciones del país y del mundo había aparecido la posibilidad real de otro camino, el del desarrollo pacífico.

Creo que no hace falta ser muy listo para adivinar que este texto no pertenece al Che Guevara; es un texto del secretario general del partido comunista brasileño, escrito, como he señalado, en junio de 1959, es decir, en vísperas de diez años de guerra, de lucha armada, de violenta lucha de clases en América Latina. Así, pues, en junio de 1959, este verdadero Pangloss del marxismo oficial, nos profetizaba la vía pacífica y un amplio frente de todas las clases de la nación. Creo que, para comprender la novedad del pensamiento de Guevara, es preciso ver, en segundo término, lo que era la concepción estratégica hegemónica en el seno de la izquierda en América Latina en aquella época, de la cual el pasaje que acabo de leer no es una forma extrema. Este esquema estratégico, perteneciente a los partidos comunistas en América Latina desde hacía bastante tiempo, más o menos desde 1935, con variantes temporales y locales, era el siguiente: en primer lugar, la gran contradicción de la época es la que opone la nación entera al extranjero, es decir, al imperialismo. Esta contradicción opone, de una parte, un frente que puede incluir las fuerzas populares, obreras y campesinas, pero también a la burguesía, contra el imperialismo norteamericano, como así también a los grandes hacendados, los latifundistas. Se trata, pues, de construir ese gran frente cuya expresión política es, habitualmente, el frente electoral del partido comunista y de los partidos burgueses considerados como progresistas. Es evidente que este análisis supone hallarse en la etapa llamada nacional democrática de la revolución, etapa que debe ser realizada por lo que se llama un gobierno nacional democrático o nacional popular. Este gobierno puede muy bien llegar al poder, sea por elecciones, por un golpe militar de Estado, nacionalista, progresista, demócrata, etc. Evidentemente, por otra parte, las tareas que corresponden a esta etapa nacional democrática son la reforma agraria, la nacionalización de trusts extranjeros, una política exterior independiente y, sobre todo, la legalización del partido comunista. Evidentemente, en esta estrategia, la clásica lucha de clases entre proletariado y burguesía, entre campesinado y burguesía, no es actual, pertenece a una segunda etapa de la revolución, la etapa socialista, que se sitúa en un porvenir indeterminado. Ésta es, grosso modo, la estrategia tal como ha sido concebida hasta hoy por la izquierda tradicional en América Latina. Evidentemente, en una estrategia tal, el problema de la lucha armada, en general, y de la guerrilla, en particular, se sitúa rigurosamente fuera del campo de visibilidad; es un problema que no existe, que no puede existir, y que, por lo tanto, no se plantea prácticamente. En contraste con esto, ¿cuál es la concepción de Guevara, cuál es la novedad que aporta en América Latina?

¿Qué es, pues, esta sociología de la revolución de Guevara? En primer lugar, el problema de la burguesía nacional: ¿es que hay una burguesía nacional revolucionaria en América Latina? La experiencia real de lo que es la burguesía nacional, en qué medida es revolucionaria o no, que a él le sirve de base, en cuanto al juicio sobre la burguesía, es la experiencia cubana, una experiencia realmente didáctica y cartesiana. Se ha visto cómo la burguesía en Cuba, en la medida en que la Revolución cubana llevaba a cabo un programa que, en el fondo, era un programa democrático radical —la reforma agraria, la reforma urbana, la expropiación de los trusts norteamericanos— iba pasando cada vez más rápidamente al campo de la contrarrevolución. Evidentemente, la experiencia cubana no es la única (Bolivia, Guatemala, etc.). Sobre la base de estas experiencias, Guevara llega a la conclusión de que la burguesía, en el fondo, es la aliada de los grandes hacendados, de una parte y, sobre todo, del imperialismo norteamericano; de otra, alianza o vínculo que es a la vez económico, social, político y militar, no siendo lo militar en modo alguno secundario. Por lo tanto, un año 1789, latinoamericano, se ha hecho ya del todo imposible. La burguesía, incluso si tiene contradicciones secundarias con los monopolios norteamericanos, ha comprendido muy bien que su enemigo principal son las fuerzas populares, los obreros y los campesinos. Esto era ya cierto antes de la revolución cubana, y se ha vuelto todavía más cierto después de la revolución, cuando se ha visto una verdadera polarización del campo de la lucha de clases. Este análisis del papel de la burguesía lo ha desarrollado Guevara al nivel sobre todo político, sobre la base de su experiencia en Cuba; pero creo que se encuentra del todo confirmado por análisis de economistas marxistas latinoamericanos. Pienso, sobre todo, en los escritos de André Gunder Frank y Ruy Mauro Marini, que demuestran la integración del capitalismo periférico en América Latina con su centro, el capitalismo norteamericano... Creo que los análisis de Samir Amín sobre la burguesía de los países dependientes, que demuestran que esta burguesía no tiene un adarme de carácter nacional, confirman esta tesis política. Por otra parte, para el Che, no era una tesis específica de la América Latina. Habla de manera irónica de la sudamericanización de los países coloniales del Tercer Mundo, es decir, de la aparición de una burguesía parasitaria en esos países, y parece que en esto ha sufrido la influencia de los escritos de Fanon. Los escritos de Fanon sobre la nueva burguesía en África le llevaron a generalizar sus teorías sobre la desaparición de la burguesía como factor revolucionario, la inexistencia de un factor burgués revolucionario.

Puesto que no hay una burguesía revolucionaria, difícilmente podrá haber una revolución burguesa; por lo tanto, el problema del carácter socialista de la revolución deriva para el Che del análisis económico, social y político acerca del papel de la burguesía. Esto no significa que no haya lo que se llama, en la terminología marxista revolucionaria, las tareas democráticas a realizar, es decir, la liberación nacional, la superación del subdesarrollo, el problema agrario, etc. Ahora bien, estas tareas democráticas no pueden ser resueltas sino por métodos socialistas; tal es su idea central, idea que aparece ya en él en la época de la guerrilla. Escribe en sus recuerdos que ya en la sierra, él y otros cubanos habían comprendido que era preciso no sólo una revolución política, sino una conmoción del sistema social, que es la expresión que emplea. En abril de 1959, meses después de la victoria, concedió una entrevista a un periodista chino, y en ella habló del *desarrollo ininterrumpido* de la revolución en Cuba. Veía, muy claramente, que la victoria contra la dictadura no era más que el primer eslabón de un proceso ininterrumpido que debería llegar mucho más lejos. En 1960, hace un análisis de lo que ocurre en Cuba, y demuestra que existe un encadenamiento lógico entre las diferentes leyes revolucionarias que se discuten en Cuba —la reforma agraria, la reforma urbana, las expropiaciones de los trusts extranjeros, la expropiación de la burguesía cubana— y demuestra cómo la una conducía necesariamente a la otra y, por nuestra parte, agregaré que esta lógica es lo que tradicionalmente se llama la lógica de la revolución permanente. Lo que ocurrió en Cuba le parece cada vez más válido para el resto de la América Latina: comienza a escribirlo en 1961-62, y lo proclama de una manera del todo clara y explícita en lo que puede considerarse como su testamento político, el Mensaje a la Tricontinental,* en la que emplea una frase que se ha convertido en una especie de consigna de la extrema izquierda de este continente: en América Latina "no hay más cambios que hacer; o revolución socialista o caricatura de revolución".

Ahora llego a la guerrilla: en primer lugar, ¿por qué la lucha armada es inevitable? El Che, en uno de sus escritos sobre la guerrilla, comienza con una cita de Martí, el dirigente nacional cubano del siglo XIX: "Martí dice que es criminal desencadenar una guerra evitable, pero que es igualmente criminal no desencadenar una guerra inevitable". Para el Che, la guerra revolucionaria en América Latina se ha hecho inevitable: ¿por qué? En nuestra opinión, esto deriva de su sociología de la revolución, es decir, que sólo a la luz de su concepción social de la revolución se puede comprender por qué insistía de esta manera, del todo intransigente, sobre la necesidad de preparar la lucha armada. Creo que hay una coherencia en la concepción del partido comunista tradicional. Puesto que la revolución es democraticoburguesa, no existe

* 1967. [E.]

razón alguna, obstáculo alguno, para llegar al poder mediante unas elecciones o por un golpe militar ya que se cuenta con el apoyo de la burguesía, del aparato del Estado y del ejército; por lo tanto, es estrictamente coherente por parte de partidos comunistas tradicionales considerar la problemática de la lucha armada y de la guerrilla como un delito aventurerista, absolutamente sin interés alguno. Por otra parte, el Che es también absolutamente coherente. Puesto que la revolución debe desembocar en el socialismo, ya que el carácter de la revolución es socialista en último análisis, estas premisas plantean una nueva problemática que es la de la *destrucción del aparato militar del Estado burgués.* Nos parece, por lo tanto, que toda la teoría de la guerrilla del Che deriva de esta pregunta: ¿cómo destruir el aparato militar y policiaco del Estado burgués? Creo que el Che tiene razón cuando se manifiesta muy escéptico en cuanto a la posibilidad de una toma pacífica del poder, agregando que, incluso en la hipótesis improbable de una victoria por elecciones, existirá siempre la amenaza del golpe militar en América Latina puesto que, en último término, el ejército funciona como el postrer fiador del régimen capitalista. Creo que en esto Guevara ha pasado por experiencias que orientaron su pensamiento enteramente; de una parte, la experiencia de Guatemala. Él estaba en Guatemala en 1954, cuando el ejército entregó prácticamente el régimen de Arbenz a la invasión norteamericana. Por otra, la experiencia cubana, en la que el desarrollo y la radicalización de la revolución, a partir de 1959, no fueron posibles sino porque la revolución había prácticamente dispersado y liquidado a todo el ejército del régimen de Batista. Si la condición necesaria para la revolución es la destrucción del aparato militar del Estado, la cuestión es que para destruir este ejército hay que construir otro ejército, un ejército popular, y aquí se llega a la guerrilla. Opino, pues, que la teoría de la guerrilla del Che es una teoría clausewitziana en el sentido de que *concibe la guerra como la continuación de la política revolucionaria por las armas.* La cuestión que se plantea en primer lugar es por qué la guerrilla, y no otra forma de lucha armada. Guevara desarrolla, para defender sus tesis, unos argumentos a la vez económicos, sociales y politicomilitares. El argumento económico es el siguiente: los países de América Latina son países de predominio agrario, la mayoría de la población es campesina, por lo que la revolución comienza por ser una revolución agraria, una revolución que confluye de los campos hacia la ciudad. Nos parece que este argumento es discutible, de una parte, porque varios países de América Latina están urbanizados a tal punto que la mayoría de la población es urbana y, en segundo lugar, el hecho de que un país tenga predominio agrario no implica necesariamente que la revolución no sea en los comienzos una revolución urbana: ¡el ejemplo de Octubre de 1917 es, con todo, bastante convincente al respecto! Un segundo argumento es de carácter social, es decir, la miseria de los campesinos, el grado extremo de explotación a que están sometidos, que ha hecho de ellos una capa particularmente explosiva con un potencial revolucionario enorme. Por lo demás, Guevara agrega que esto no es válido únicamente para el proletariado agrícola, sino también para el pequeño campesinado, los pequeños propietarios campesinos, que han constituido la mayor parte de los guerrilleros en Cuba, lo cual se confirma también por la experiencia de otros varios países de América Latina donde los combatientes de la guerrilla han sido reclutados particularmente en esa capa del campesinado, es decir, los pequeños propietarios campesinos empobrecidos. El tercer argumento es de índole politicomilitar; según Guevara, las insurrecciones urbanas tienen muchas posibilidades de ser vencidas desde el punto de vista militar; la única manera de vencer al ejército es por una guerra prolongada que no puede efectuarse más que en el campo, ya que en el campo es donde se tiene la posibilidad de maniobrar, donde se pueden encontrar condiciones de seguridad, evitar el cerco enemigo, etc. La verdad, aunque se trata de una verdad relativa, es que la seguridad de la guerrilla en los campos no pasa de ser a veces problemática, y esto lo ha demostrado la experiencia en América Latina.

Un aspecto que creo importante subrayar es que la guerrilla para el Che no es únicamente una lucha militar: insiste mucho en la función de la guerrilla como catalizador político, o sea, no sólo como instrumento militar sino también como palanca política; esto aparece en el marco de lo que él llama el problema de las condiciones de la revolución, las condiciones objetivas y subjetivas. Las condiciones objetivas de la revolución son de una parte estructurales, la miseria de las masas, el subdesarrollo, las estructuras arcaicas y, por otra parte, coyunturales, tales como la existencia o no de una dictadura militar, de una crisis económica, etc. Por otra parte, hay lo que él llama las condiciones subjetivas, que son sobre todo dos: la conciencia de la necesidad de un cambio revolucionario, y la conciencia de la posibilidad de ese cambio revolucionario. Aquí aparece la guerrilla como un factor que puede contribuir a crear las condiciones subjetivas de la revolución. Esto no significa que sólo la guerrilla puede crear todas las condiciones para la revolución: existen ciertas condiciones objetivas que permiten la puesta en marcha de la guerrilla, pero ésta a su vez crea una parte de las condiciones subjetivas para el movimiento revolucionario. Hay, pues, aquí, un movimiento dialéctico entre la iniciativa de la vanguardia y las condiciones objetivas que existan en el país. Para que la guerrilla pueda desempeñar esa función catalizadora debe evidentemente establecer lazos con el pueblo, con las masas campesinas, en primer lugar. Se ha acusado frecuentemente al Che de tener una teoría blanquista, bakuninista, según la cual una pandilla de héroes podría tomar el poder, una especie de Tres Mosqueteros espadachines que hicieran ellos solos la revolución. Creo que esta crítica no es justa. Todos los textos del Che sobre la guerrilla insisten en el hecho de que ésta no puede desarrollarse más que como una guerra de masas, una guerra del pueblo entero y que, sin el apoyo y la participación activa de los campesinos, en primer lugar, la guerrilla está condenada al fracaso. El problema es éste: ¿cómo pueden establecerse vínculos entre las masas populares (las masas campesinas, en primer lugar) y la guerrilla? Por esta razón, el Che insiste sobre el hecho de que la guerrilla es una acción politicomilitar y no exclusivamente militar, es decir, que las acciones armadas deben ir acompañadas de todo un trabajo de agitación, de propaganda, de organización y, por otra parte, que debe realizar la propaganda a través de los hechos, es decir, adoptar medidas revolucionarias, expropiar la tierra y dársela a los campesinos en las regiones bajo su control. Gracias a medidas de este género es como se establece una dialéctica entre la guerrilla y las masas, dialéctica por la cual la guerrilla se vuelve popular y el pueblo se hace revolucionario; o sea, que el movimiento no es únicamente un movimiento de arriba abajo que aporta la revolución al pueblo. En este sentido, podemos preguntarnos en qué medida Guevara en Bolivia, en 1967, fue guevarista. No disponemos aún de todos los elementos para clarificar lo que ocurrió en Bolivia en 1967. Hay todavía muchos puntos oscuros. Nos parece, por la lectura de su diario y por otros informes que podemos tener, que Guevara es del todo consciente, lúcido sobre el problema, es decir, que la guerrilla no puede realmente desarrollarse sino en la medida en que logra ganar políticamente a las masas campesinas. Dicho esto, me parece que el problema es que no se procuró los instrumentos de organización para llegar a ese fin. Al respecto volveré cuando hable del problema del partido.

Quisiera, finalmente, subrayar un aspecto que se desconoce bastante en el pensamiento de Guevara, como es el del papel de la clase obrera, de la huelga general en la revolución. Guevara insiste mucho en el hecho de que la guerrilla no puede vencer más que en la medida en que llega a aliarse con el proletariado urbano; este papel del proletariado urbano es sobre todo importante en la última etapa de la guerra revolucionaria, cuando la guerrilla baja de las montañas a la llanura, en las regiones en que se encuentran las ciudades, las regiones urbanizadas. Por lo demás, esto fue lo que ocurrió en Cuba, en el momento en que la columna de Guevara penetró en la provincia de Las Villas, y estableció contactos a la vez con los sindicatos, los partidos de izquierda, el Movimiento (urbano) del 26 de julio y otras corrientes del movimiento obrero, para desencadenar la lucha armada en la capital de la provincia, en Santa Clara, no sólo como una guerrilla que venía del exterior, sino en conexión con las masas urbanas de la región. Pero el problema que plantea en sus escritos es el de la huelga insurreccional, que para él es un factor primordial de la guerra revolucionaria. Hubo tres huelgas antes del triunfo de la Revolución cubana, dos que fracasaron y la última que fue el golpe final al régimen de Batista. Las dos huelgas que fracasaron las analiza el Che: una ocurrió en agosto de 1957 y la otra el 9 de abril de 1958. ¿Qué ocurrió en la primera? La policía había dado muerte al principal de los dirigentes urbanos del Movimiento 26 de julio, Frank País, y este asesinato originó una huelga espontánea en la ciudad de Santiago, en la que vivía, movimiento espontáneo que se extendió rápidamente por la isla de Cuba. Esta huelga, finalmente, no tenía dirección, por haber aparecido de manera totalmente espontánea, y al cabo de unos días fue aplastada por el ejército y la policía. El Che demuestra que fue después de esta huelga cuando los dirigentes de la guerrilla descubrieron que la clase obrera existía y que había que contar con ella, comprendiendo así la necesidad de preparar una huelga general insurreccional. La segunda huelga tuvo un carácter totalmente distinto: fue la tentativa de huelga general del 9 de abril de 1958. La manera en que estalló esta huelga es realmente una caricatura de la manera en que hay que provocar una huelga general. Los revolucionarios no habían realizado ninguna preparación política de la huelga. Los obreros no sabían que iba a iniciarse una huelga, porque los dirigentes urbanos del Movimiento 26 de julio querían hacer la huelga por sorpresa para que la policía no estuviera sobre aviso, ¡y así, para que la policía no estuviera prevenida, no previnieron a la clase obrera tampoco! ¿Qué hicieron entonces? El 9 de abril de 1958 tomaron la radio —lograron hacerlo a las 11 de la mañana—, y leyeron un comunicado diciendo: "Se ha declarado la huelga general". Desgraciadamente, a las 11 de la mañana, los obreros están en el trabajo y no oyen la radio, por lo que prácticamente no hubo huelga general. Mientras tanto, los escasos núcleos de guerrillas que se habían levantado, creyendo que se hallaban en medio de una huelga general, fueron totalmente exterminados. El Che, en uno de sus escritos, ha hecho un análisis de esta huelga, que me parece muy interesante, en el cual subraya que no se ha comprendido que la huelga general es un fenómeno de masas y que no puede ser iniciada desde la cima de una manera artificial, por lo que es preciso que los mismos trabajadores, en el ejercicio de su iniciativa revolucionaria, decidan cuándo y cómo declarar una huelga general. Es preciso, después, dar a la huelga una organización y hay que comprender sobre todo que la huelga general es un movimiento de la clase obrera y no algo que se puede desencadenar, por sorpresa, y desde la cima, de una manera completamente artificial. A nuestro parecer hay en esto un paralelo muy notable con los análisis de Rosa Luxemburg sobre el problema de la huelga general de masas en 1906. Otro problema, en este contexto, es el del papel del partido: en qué medida la guerrilla, la huelga general, todos estos movimientos, deben ser dirigidos por un partido revolucionario. Sabemos que la experiencia cubana es la de una revolución sin un partido en sentido estricto —se puede discutir en qué medida el Movimiento 26 de julio era o no un partido— pero de todos modos no era un partido marxista-leninista clásico. Se plantea la cuestión de saber en qué medida el caso cubano es un caso excepcional que deba repetirse o no en América Latina. Conocida es la posición de Debray respecto a la cuestión: el partido se ha convertido en un obstáculo, y lo que hace falta es un núcleo de guerrilla que remplace prácticamente al partido. Nos parece que la posición de Guevara no era tan tajante. En él se encuentran ciertos textos en los que habla del papel del partido revolucionario, insistiendo en el hecho de que dicho partido revolucionario no lo es en virtud de una denominación concedida como un título universitario, sino algo que deviene de la práctica revolucionaria misma. Pero no tiene una actitud muy clara en esto, y nos parece, así como a mucha gente en América Latina, que uno de los errores de Guevara en Bolivia fue creer que podía trabajar con el partido comunista boliviano, y que no era preciso crear un partido revolucionario ni una red politicomilitar en las ciudades y en el campo de Bolivia. Una última cuestión en relación con el problema de la huelga general y del proletariado: ¿es que el Che había creído en la posibilidad de una revolución esencialmente obrera en América Latina, en los países más industrializados? Según nuestro criterio, la respuesta es afirmativa. En algunos escritos suscita explícitamente la hipótesis de que, en los países como Argentina, la revolución podría ser esencialmente una rebelión obrera con base de guerrilla urbana.[1] Por lo demás, incluso Régis Debray, en uno de sus escritos anteriores a *La revolución en la revolución*, reconoce que en Argentina la guerrilla rural no puede ser más que un elemento auxiliar de un movimiento que es sobre todo urbano y obrero.

Quisiera sacar la consecuencia del problema de la dimensión internacional de la guerra revolucionaria: el Che había comprendido que la guerrilla no sólo es contra el enemigo inmediato, es decir, el Estado burgués oligárquico militar en América Latina, sino también contra el enemigo principal, los Estados Unidos, el imperialismo, el ejército norteamericano. Esto era para él bastante claro desde el principio, pero después de la intervención norteamericana en la República Dominicana, en 1965, se hizo aún más evidente. El ejército revolucionario debe, pues, vencer no sólo al ejército burgués local, sino que ha de estar dispuesto a llevar una guerra prolongada contra el ejército norteamericano. En este sentido, se debe considerar la revolución en América Latina como formando parte de una estrategia mundial, y creemos que es en este sentido bajo el cual hay que comprender la marcha del Che a Bolivia, con la idea de que había que abrir a toda costa un segundo frente para la guerra del Vietnam. Creemos que ésta es quizá la primera vez, desde la gloriosa época del Komintern (antes de la muerte de Lenin), en que se ha tratado de plantear una estrategia revolucionaria mundial, que no se deduzca de los intereses políticos, diplomáticos y militares de un Estado, sino que esté realmente fundada sobre las necesidades revolucionarias a escala mundial.

[1] No es casual que la vanguardia revolucionaria de este país invoque a la vez las enseñanzas del Che y la teoría leninista sobre el papel del proletariado, y reúna en su práctica la guerrilla urbana y la organización/movilización de la clase obrera.

CAPÍTULO X

LAS ETAPAS DEL DESARROLLO SOCIAL EN LA "VISIÓN DEL MUNDO" MARXISTA EN AMÉRICA LATINA

Este trabajo, cuyo carácter extremadamente limitado y hasta demasiado sumario somos los primeros en reconocer, no es sino un primer enfoque, parcial e incompleto, de cierta problemática en el seno del marxismo latinoamericano. Se trata únicamente de un intento de aclarar, histórica y conceptualmente, un debate que estimamos crucial, tanto por su importancia ideológica como por su actualidad política.

Engels, en su *Anti-Dühring*, resumía la marcha del desarrollo social e histórico moderno en los términos siguientes: I. La sociedad feudal, destruida por II. La revolución capitalista, que permite *a*] un desarrollo sin precedentes de las fuerzas productivas, y después, en una etapa superior, *b*] una "socialización" parcial de esas fuerzas productivas, gracias a las sociedades por acciones, a los trusts y al capitalismo de Estado, abriendo así el camino a III. La revolución proletaria, que libera el carácter social del proceso productivo, aboliendo la propiedad privada de los medios de producción.[1]

El libro de Engels, que en el período de la II Internacional, e incluso después, fue transformado en el principal "Manual de marxismo", ha acabado por inspirar una visión evolucionista lineal del proceso histórico, en la cual se suceden las diferentes etapas del

[1] Engels, *Anti-Dühring*, París, Sociales, 1950, pp. 322-323. [Ed. esp., pp. 264-265.]

desarrollo social con la misma regularidad inevitable y predeterminada que la sucesión de las estaciones (por otra parte, el empleo constante de la palabra "madurez" es *el lema*, el síntoma terminológico de esta concepción). El presupuesto implícito o explícito de esta ideología[2] es el de una historia regida por "leyes naturales", objetivas e independientes de la voluntad o de la acción de los hombres. No nos corresponde examinar aquí en qué medida era ésta o no la verdadera tesis de Engels; lo que nos importa es que tal fue la "lectura" del *Anti-Dühring* que hicieron los grandes pensadores del marxismo llamado "ortodoxo" de la II Internacional.

Para Kautsky, por ejemplo, la revolución socialista es el fruto inevitable del desarrollo de la economía capitalista en su fase superior, el producto de las condiciones económicas objetivas, "maduras", el resultado de una ley natural de la evolución social. He aquí un pasaje típico, tomado de su principal obra política, *El camino del poder* (1909): "Marx y Engels... reconocieron que una revolución no se hace a voluntad, sino que se produce necesariamente en unas condiciones determinadas y que es imposible mientras esas condiciones, que no se elaboran sino poco a poco, no se encuentran reunidas. *Sólo allí donde el sistema de producción capitalista ha alcanzado un alto grado de desarrollo* las condiciones económicas permiten la transformación por el poder público de la propiedad capitalista de los medios de producción en propiedad social".[3]

Es precisamente esta rígida visión de la sucesión de las etapas históricas la que se encuentra en la base del clásico y riguroso esquema implícito en la obra política de Plejanov y de los demás pensadores de la

[2] Empleamos el término "ideología" en su sentido amplio, como sinónimo de visión del mundo.

[3] Karl Kautsky, *Le chemin du pouvoir*, París, Anthropos, 1969, p. 3, subrayado por nosotros.

corriente menchevique (Dan, Martinov, etc.): I. La sociedad rusa feudal, atrasada, precapitalista está madura para II. Una revolución democraticoburguesa, bajo la dirección de la burguesía liberal, aboliendo el zarismo y permitiendo el libre desarrollo de las fuerzas capitalistas de producción, así como el crecimiento en número y en fuerza de la clase obrera. De este modo quedará abierto el camino para III. La revolución proletaria y la instauración del socialismo.

Una versión diferente, más flexible y más radical, pero fundada en las mismas premisas, se encuentra en los escritos de Stalin y de los dirigentes de la III Internacional a partir de 1925. El primer objeto de esta nueva teoría etapista fue la revolución china. Uno de sus principales portavoces era en 1927, en el seno del partido comunista soviético, precisamente el ex menchevique y pensador eminente Martinov, recién afiliado al bolchevismo. Según esta doctrina estratégica, la revolución en China debería pasar por dos etapas históricas distintas: una democraticoburguesa (o agraria y antimperialista, o nacional y antifeudal, etc.), obra de un "bloque de cuatro clases": proletariado, campesinado, pequeña burguesía y burguesía nacional. La segunda etapa, en un futuro indeterminado, sería socialista y dirigida por el proletariado. Más tarde veremos cómo esta doctrina de las etapas ha influido en el marxismo latinoamericano, especialmente a partir de los años 30.

Sin embargo, es importante subrayar que esta interpretación del marxismo no es la única posible. El propio Marx había sugerido en diferentes ocasiones una concepción mucho más "abierta" del proceso histórico, fundada sobre la categoría de la *posibilidad objetiva.* En una carta de 1877 a la redacción del periódico ruso *Otechestveniye zapiski,* afirmaba explícitamente que su esquema de los orígenes del capitalismo en Europa occidental no era, en modo alguno, "una teoría filosófico-histórica del Progreso Universal, fatalmente impuesta a todos los pueblos, sin consideración en cuanto a las circunstancias históricas en que se encuentran",[4] y no excluía la posibilidad para Rusia de evitar "las peripecias fatales del régimen capitalista". La idea de la posibilidad objetiva de un paso de la Rusia semifeudal y "oriental" a una sociedad llamada "de transición al socialismo", haciendo la "economía" de una etapa histórica de capitalismo desarrollado y democracia burguesa, aparece hacia 1905-1906 en los escritos de algunos autores marxistas (Parvus, Trotski, Rosa Luxemburg), con el título de "teoría de la revolución permanente", y se transforma en 1917, con las *Tesis de Abril*, de Lenin, en programa concreto de sectores decisivos del movimiento obrero.

Esta nueva concepción, que ha desempeñado un papel ideológico importante en la revolución de octubre de 1917, se manifiesta en los documentos de los primeros congresos de la III Internacional, tanto en relación con los países llamados, en general, "coloniales y semicoloniales" como con la América Latina, en particular. Una decisión del Komintern, de septiembre de 1920, titulada "La revolución americana", afirmaba que la única solución en cuanto al problema agrario sería la revolución socialista dirigida por el proletariado en estrecha alianza con el campesinado: "La experiencia mexicana nos ofrece un ejemplo típico y trágico. Los campesinos sojuzgados se alzan y hacen una revolución. Los frutos de su victoria les son arrebatados por explotadores capitalistas, aventureros políticos y vociferantes 'socialistas'. Los campesinos oprimidos y traicionados deben ser despertados a la acción y a la organización revolucionaria. Debe inculcárseles que no pueden liberarse solos, como campesinos, que deben unirse con el proletariado revolucionario para la lucha común contra el capitalismo...

[4] Marx, Engels, *Ausgewählte Briefe*, Dietz Verlag, 1953, p. 367.

La unión entre los campesinos pobres y el proletariado es absolutamente indispensable; sólo la revolución proletaria puede liberar a los campesinos, derribando el poder del capital; sólo la revolución agraria puede impedir que la revolución proletaria sea aplastada por la contrarrevolución".

Esta visión estratégica del proceso histórico presupone, pues, la posibilidad de un paso sin etapas, "directo", del capitalismo subdesarrollado y dependiente ("atrasado y semicolonial" para emplear la terminología de la época) a una sociedad poscapitalista: transformación que se realizaría a través de una revolución social, que comenzaría como democrático-nacional, pero se transformaría, en un proceso ininterrumpido, en revolución socialista, dirigida por el proletariado. Ninguna etapa económico-social-política estable separaría las transformaciones estructurales que se refieren al subdesarrollo y a la dependencia ("tareas democráticas y nacionales") de aquellas dirigidas contra el modo de producción capitalista mismo ("tareas socialistas").

La generación de los primeros pensadores marxistas del continente, los "padres fundadores" del comunismo latinoamericano, elaboró tesis bastante próximas a esta perspectiva del desarrollo histórico-social, bien bajo la influencia de los documentos del Komintern, bien, sobre todo, como resultado de sus propias investigaciones sociales o experiencias históricas.

Mariátegui, fundador del PC peruano, escribía en junio de 1929: "La revolución latinoamericana será, nada más y nada menos, que una etapa, una fase de la revolución mundial. Será simple y puramente la revolución socialista. A esta palabra agregad, según los casos, todos los adjetivos que queráis: 'antimperialista', 'agrarista', 'nacionalista revolucionaria'. El socialismo los supone, los antecede, los abarca a todos. A Norteamérica capitalista, plutocrática, imperialista, sólo es posible oponer eficazmente una América, Latina o

Ibera, socialista. La época de la libre concurrencia, en la economía capitalista, ha terminado en todos los campos y en todos los aspectos. Estamos en la época de los monopolios, vale decir de los imperios. Los países latinoamericanos llegan con retardo a la competencia capitalista. Los primeros puestos están ya definitivamente asignados. El destino de estos países, dentro del orden capitalista, es el de simples colonias".[5]

Vemos, por consiguiente, que esta representación del proceso histórico contemporáneo en América Latina considera *imposible una etapa del capitalismo nacional independiente*: la única alternativa a la dominación de la metrópoli norteamericana es el socialismo (en último análisis a escala continental), alternativa que se presenta más bajo la forma de una posibilidad objetiva que de un resultado inevitable del desarrollo económico y social.

En un virulento folleto, escrito en México en 1928, contra el APRA de Haya de la Torre, Julio Antonio Mella, fundador del PC cubano* toma como punto de partida las tesis de Lenin sobre la cuestión nacional y colonial (Segundo Congreso de la III Internacional), de las que cita el siguiente pasaje: "Los movimientos nacionales liberadores de las colonias y de las nacionalidades oprimidas se están convenciendo por su experiencia amarga de que no hay para ellos salvación fuera de la victoria del poder soviético", y agrega, a título de comentario, su interpretación extremadamente radical de la tesis leninista:

"En otros términos: el triunfo en cada país de la revolución obrera sobre el imperialismo mundial. Las traiciones de las burguesías y pequeñas burguesías nacionales tienen una causa que ya todo el proletariado comprende. Ellas no luchan contra el imperialismo

[5] José Carlos Mariátegui, "Carta colectiva del grupo de Lima", en *El proletariado y su organización*, México, Grijalbo, 1970, pp. 119-120.

* Entonces, Partido Socialista de los Trabajadores. [E.]

extranjero para abolir la propiedad privada, sino para defender su propiedad frente al robo que de ellas pretenden hacer los imperialistas. En su lucha contra el imperialismo —el ladrón extranjero— las burguesías —los ladrones nacionales— se unen al proletariado, buena carne de cañón. Pero acaban por comprender que es mejor hacer alianza con el imperialismo, que al fin y al cabo persiguen un interés semejante. De progresistas se convierten en reaccionarios... Para hablar concretamente: liberación nacional absoluta sólo la obtendrá el proletariado y será por medio de la revolución obrera".[6]

Nos parece evidente que la posición de Mella debe ser explicada no sólo en relación con los textos clásicos (su interpretación de Lenin no es la única posible; por lo demás, en la historia de las ideas no se encuentra nunca una recepción puramente pasiva: toda lectura es selectiva y específica), sino también con la situación política y social de México —donde se desterró en 1925— en la época de la "institucionalización de la revolución" por Plutarco Elías Calles. En efecto, para los teóricos comunistas de los años 20, México aparece como el ejemplo concreto y palpable de la inviabilidad de una etapa capitalista realmente independiente, de un desarrollo económico nacional libre de la dominación imperialista. México ha desempeñado, en otro contexto, el mismo papel de "polo ideológico negativo" que más tarde la derrota guatemalteca de 1954 tuvo para ciertos grupos y pensadores marxistas (por ejemplo, Guevara).

A partir de 1935, aproximadamente, esta concepción, que podríamos designar de modo provisional como "no etapista", tiende a desaparecer del universo ideológico del marxismo latinoamericano, quedando

[6] Julio Antonio Mella, "La lucha revolucionaria contra el imperialismo. ¿Qué es el ARPA?", en Raquel Tibol, *Julio Antonio Mella en El Machete*, Fondo de Cultura Popular, México, 1968, pp. 112 *s*.

restringida a pequeños grupos de extrema izquierda (sobre todo trotskistas), generalmente minoritarios en el seno del movimiento obrero organizado. La principal excepción es Bolivia, donde en 1946 un congreso de mineros en Pulacayo aprobó un documento (precisamente de inspiración trotskista) que proclamaba que la revolución en Bolivia habría de realizarse bajo la dirección del proletariado y que "los trabajadores, una vez en el poder, no podrán mantenerse indefinidamente dentro de los límites democrático-burgueses y estarán obligados, cada día, a hacer cortes cada vez más profundos en el régimen de la propiedad privada, de tal modo que la revolución adquirirá un carácter permanente".[7]

La otra visión, que hemos llamado "etapista", se vuelve entonces hegemónica en el seno del comunismo latinoamericano. El viraje se sitúa sobre poco más o menos en la época en que el Komintern lanza la estrategia de los frentes populares, pero busca su inspiración teórica en los textos de Stalin de los años 1925-1927. Es bien evidente que lo que explica esta nueva perspectiva no es "la influencia" de las obras de Stalin. Es la transformación de la estructura política de los partidos comunistas en América Latina, el desarrollo en su seno de una nueva generación de dirigentes, su integración política e ideológica más estrecha en la III Internacional, que constituyen el fundamento real de la adopción del "etapismo".

El 4 de diciembre de 1936, por ejemplo, un editorial publicado por el periódico del PC cubano, *Bandera roja,* invocaba un discurso de Stalin, pronunciado en 1925, en el que éste ponía en guardia contra la peligrosa desviación consistente en "subestimar la importancia de una alianza entre la clase obrera y la burguesía revolucionaria contra el imperialismo". El editorial subraya la actualidad de esta tesis para

[7] A. Cornejo, *Programas políticos de Bolivia,* pp. 314 *s.*

Cuba, donde "la burguesía nacional, en contradicción con el imperialismo que la oprime, acumula unas energías revolucionarias que no deben dejarse perder. Fraternizadas, pues, por el interés común de liberar a nuestro país, todas las capas de nuestra población, del proletariado a la burguesía nacional, pueden y deben formar un ancho frente popular contra el opresor extranjero".[8] Textos semejantes aparecen en esta época tanto en la prensa como en los documentos de todos los partidos comunistas del continente.

El supuesto estratégico de una etapa socioeconómica y política de capitalismo nacionaldemocrático es evidentemente el fundamento ideológico de estas tentativas de frente popular en América Latina, entre las cuales la chilena, es, sin duda, la más significativa y la más prolongada (1938-1948). En un documento de 1941 el PC chileno define el frente popular como "una gran cruzada nacional para preservar la independencia y la unidad de Chile, defender el régimen democrático, mejorar las condiciones de trabajo y el nivel de vida de las masas trabajadoras y salvaguardar la paz".[9] Uno de los puntos del programa del PC para el frente popular pedía: "Establecimiento de un control efectivo por el Estado sobre las operaciones de todos los bancos del país, con objeto de prevenir nuevos fraudes y de utilizar el crédito en beneficio de un desarrollo industrial independiente de Chile, en beneficio de los pequeños campesinos, mineros, comerciantes e industriales".[10]

La etapa del capitalismo progresista e independiente desempeña en esta visión del proceso histórico una función semejante, en cierta medida, a la etapa

[8] Saverio Tutino, *L'ottobre cubano*, Einaudi, 1968, p. 148.

[9] "A program of action for the victory of the Chilean people's front", *The Communist*, XX, núm. 5, mayo 1941, p. 456.

[10] *Ibid.*

democraticoburguesa en la ideología de los pensadores marxistas de la II Internacional. En ambos casos —no obstante las diferencias evidentes, políticas y teóricas a la vez—, la idea de una sucesión rigurosa e invariable de las etapas del desarrollo económico y social, de una "maduración" progresiva de las condiciones objetivas (sobre todo, económicas), de la imposibilidad de una ruptura, discontinuidad, "salto" o traslape de las fases del proceso, es la base doctrinaria del pensamiento y de la práctica políticos.

En el período que sigue a la segunda guerra mundial, los frentes populares tienden a desaparecer, y se establece un nuevo tipo de relación entre el movimiento comunista y ciertos regímenes de tipo populista, siempre a partir de la misma perspectiva histórica. En un informe, escrito en 1952, en la época de la presidencia de Arbenz, José Manuel Fortuny, secretario del Partido Guatemalteco del Trabajo, afirmaba: "Nosotros, comunistas, reconocemos que, en razón de sus condiciones especiales, el desarrollo de Guatemala deberá realizarse durante algún tiempo todavía por el camino del capitalismo".[11] Se trataba, naturalmente, de un capitalismo democrático y nacionalista, para la realización del cual el PGT contaba con la colaboración de la burguesía progresista y del ejército. Los acontecimientos de 1954 iban a decepcionar brutalmente estas esperanzas.

El ejemplo del Brasil nos parece el más interesante y el más *típico* de esta nueva problemática. Durante diez años, de 1954 a 1964, el PC brasileño aplicó una estrategia de apoyo a los gobiernos populistas de Juscelino Kubitschek y João Goulart, política cuyos supuestos ideológicos están expuestos con una coherencia notable en un documento titulado *Declaración sobre la política del Partido Comunista del Brasil,* de

[11] José Manuel Fortuny, "Relatorio sobre la actividad del comité central al segundo congreso del Partido", 11 de diciembre de 1952.

marzo de 1958. He aquí las principales tesis de dicho texto, que constituye una de las formulaciones más sistemáticas y rigurosas de la visión "etapista" del proceso histórico en América Latina:

1] Las "supervivencias feudales" en Brasil, que se mantienen en una gran parte del país, "obstaculizan el progreso de la agricultura". El desarrollo capitalista nacional entra en contradicción con esta "estructura tradicional arcaica" (pp. 5-6).

2] La contradicción entre el proletariado y la burguesía "no exige una solución radical en la etapa actual. En las condiciones presentes del país, el desarrollo capitalista corresponde a los intereses del proletariado y de todo el pueblo" (p. 14).

3] "La revolución en el Brasil, por consiguiente, no es todavía socialista, sino antimperialista y antifeudal, nacional y democrática". Esta revolución deberá conducir a "la entera liberación económica y política de la dependencia respecto del imperialismo norteamericano"; a la transformación de la estructura agraria con la liquidación del monopolio de la tierra y de las relaciones precapitalistas de trabajo; al desarrollo independiente y progresista de la economía nacional y a la democratización radical de la vida política (p. 14).

4] "El desarrollo económico capitalista entra en conflicto con la explotación imperialista norteamericana, haciendo más profunda la contradicción entre las fuerzas nacionales y progresistas en desarrollo, y el imperialismo norteamericano, que obstaculiza su expansión. En estas condiciones, la contradicción entre la nación en desarrollo y el imperialismo norteamericano y sus agentes internos se ha convertido en la contradicción principal de la sociedad brasileña". (p. 15).

5] Una vez realizadas estas transformaciones, serán creadas "las condiciones para la transición al socialismo, objetivo no inmediato, sino final, de la clase obrera brasileña" (p. 15).

Encontramos aquí, con algunas modificaciones importantes (el papel del imperialismo), el esquema de Engels, que en realidad no es otra cosa que el resumen de las etapas del desarrollo social en *Europa occidental.* En este sentido, la visión de la historia en este documento brasileño de 1958 es, en cierta medida, el trasplante para la América Latina del siglo XX del modelo de desarrollo europeo de los siglos XV al XIX.

El golpe militar de 1964, apoyado a la vez por el gobierno norteamericano y por los representantes de las distintas asociaciones patronales (industria, agricultura, comercio) del Brasil, ha puesto a discusión, para un gran número de militantes e intelectuales comunistas, la adecuación del esquema historicosocial del PC brasileño. Aparecen en ese momento algunas tentativas de explicación sociológica de la política y de la ideología del comunismo en el Brasil en el curso de los últimos treinta años, cuya hipótesis fundamental es "el origen pequeñoburgués de la dirección prestista del PCB".

En nuestra opinión, esta explicación no es satisfactoria. Es posible que el origen "tenentista" y de clase media de Luis Carlos Prestes, Agildo Barata y otros dirigentes del PC brasileño haya desempeñado cierto papel en la determinación del carácter de la insurrección de 1935; pero este factor no puede, en modo alguno, dar cuenta de la teoría y de la práctica del partido en el transcurso de estos treinta años. En primer lugar, por la sencilla razón de que otros partidos comunistas de América Latina, cuyos dirigentes son de origen proletario* (frecuentemente mandos provenientes del aparato sindical), no han tenido una ideología (o una práctica política) cualitativamente distinta a la del PC brasileño en dicho período. Por otra parte, pocos años después de la publicación del documento del PC brasileño (1958) que hemos citado, un grupo de origen netamente pequeñoburgués ha desarrollado una visión del

* Por ejemplo, el PC chileno. [E.]

marxismo y una praxis considerablemente diferentes del modelo habitual del movimiento comunista latinoamericano desde 1935: la dirección castrista cubana...

En nuestra opinión, la dirección del PC brasileño y de los demás partidos del mismo tipo debe ser considerada, en último término, no en función de su origen social, pero sí como *categoría social* específica.[12] Como grupo "profesional" de dirección, orgánicamente estructurado y jerarquizado, el comportamiento y el pensamiento de la dirección del PC brasileño corresponden a su situación de categoría social, ya que su carácter político de aparato dirigente de un partido pertenece a una corriente determinada del movimiento obrero internacional. Dentro del marco de esta hipótesis, las relaciones de organización, políticas e ideológicas entre la dirección del PC brasileño y la III Internacional (y/o el PCUS) son una variable mucho más decisiva para la comprensión de su visión del proceso histórico y de su estrategia que el origen militar pequeñoburgués de Prestes y otros dirigentes del partido. El mismo principio explicativo es válido para otros partidos comunistas de América Latina, sin ignorar, evidentemente, ciertas particularidades nacionales e históricas que pueden desempeñar un papel decisivo.

Después de la Revolución cubana, ciertos sectores del movimiento comunista oficial habrían de solidarizarse con la experiencia cubana y tratarían de reformular parcialmente su estrategia, tomando en consideración las tesis castristas. El representante más conocido de esta tendencia, Rodney Arismendi (dirigente del PC uruguayo y notorio participante en el congreso de la OLAS), introdujo ciertos matices en

[12] Definimos como categoría social un grupo cuyo rasgo distintivo corresponde a una relación específica con estructuras políticas e ideológicas (no económicas): por ejemplo, militares, estudiantes, burócratas, intelectuales, etc. Cf. Nicos Poulantzas, *Pouvoir politique et classes sociales*, París, Maspero, p. 89. [Ed. esp. *Poder político y clases sociales en el Estado capitalista*, México, Siglo XXI, 1974, pp. 98*ss*.]

la concepción tradicional, pero sin llegar realmente a una ruptura con el esquema fundamental del "etapismo". Según Arismendi, la historia de las revoluciones democraticoburguesas en América Latina (comparada con las realizaciones de la Revolución cubana) prueba "la incapacidad orgánica de la burguesía nacional para dirigir en América Latina la lucha democrática por la liberación nacional". Se trata, pues, de realizar, a escala continental, una revolución democrática y nacional liberadora, etapa indispensable en el camino hacia el socialismo, no ya bajo la dirección de la burguesía nacional (por ejemplo, bajo la forma de un gobierno populista), pero sí de un "frente democrático nacional" del cual participan únicamente, al lado del proletariado, del campesinado y de las clases medias, "*los sectores más avanzados* de la burguesía nacional". Sin embargo, Arismendi no pierde la esperanza de que este frente pueda "ganar o neutralizar a la mayor parte de la burguesía nacional", apoyándose, para alcanzar este objetivo, "sobre toda la gama de las contradicciones que la oponen [a la burguesía nacional] al imperialismo norteamericano..." [13] El apoyo o la neutralidad de esta burguesía nacional implica, evidentemente, que la etapa nacional liberadora no afecta a los fundamentos de la propiedad privada y del modo de producción capitalista. Sin duda, la concepción de Arismendi se mantiene dentro del marco fundamental del etapismo, pero modifica hasta cierto punto el análisis del papel de las diferentes clases sociales en la revolución democrático-nacional, insistiendo, por ejemplo, en una "participación predominante del proletariado" en el futuro "gobierno democrático de liberación nacional".[14]

[13] Rodney Arismendi, "Problèmes d'une révolution continentale", *Recherches internationales à la lumière du marxisme*, núm. 32, julio-agosto 1962, pp. 22, 58, subrayado por nosotros.

[14] *Ibid.*, pp. 46-47.

Por otra parte, la Revolución cubana ha producido naturalmente una renovación de la visión "no etapista" del proceso histórico, cuyo primer promotor ha sido la propia dirección castrista y, en particular, el Che Guevara (que había pasado por la amarga experiencia guatemalteca de 1954). Ya en abril de 1959, en una entrevista concedida a un periodista extranjero, Guevara hablaba del "desarrollo ininterrumpido de la revolución" y de la necesidad de abolir "el sistema social" existente y sus "fundamentos económicos".[15] Algunos años después, tratando de esbozar un balance teórico del proceso revolucionario, dentro del marco de la concepción marxista de la historia, el Che escribió un trabajo que constituye una elaboración sumaria pero extremadamente *coherente* y *radical* de la doctrina "no etapista". Su punto de partida es la célebre polémica de Lenin con el historiador menchevique Sujanov (1923), en la cual el fundador del Estado soviético subraya "la posibilidad [para Rusia] de pasar de una manera distinta que los países del Occidente de Europa a la creación de las premisas fundamentales de la civilización". La importancia teórica de este texto consiste precisamente en el rechazo del modelo europeo (occidental) de las etapas del desarrollo social como matriz universal e invariable.

Según Guevara, esta problemática es pertinente para la comprensión de la Revolución cubana, porque el modelo europeo tradicional no permite responder a la cuestión fundamental: "¿Cómo se puede producir en un país colonizado por el imperialismo, sin ningún desarrollo de sus industrias básicas, en una situación de monoproductor, dependiente de un solo mercado, el tránsito al socialismo?" [16]

[15] Ernesto Che Guevara, *Selected Works*, Chicago, MIT, 1969, p. 372.

[16] Guevara, "La planificación socialista, su significado", *Obra revolucionaria*, México, Era, 1967, p. 604.

El punto de vista rígido y etapista respondería "como los teóricos de la II Internacional..., que Cuba ha roto todas las leyes de la dialéctica, del materialismo histórico, del marxismo y que, por tanto, no es un país socialista..." Para Guevara, en cambio, la Revolución cubana puede y debe ser explicada por la teoría marxista, como la ruptura de "uno de sus eslabones débiles [...] del sistema mundial del capitalismo", ruptura realizada gracias a la iniciativa de fuerzas revolucionarias que "queman etapas, decretan el carácter socialista de la revolución y emprenden la construcción del socialismo". La vanguardia del movimiento revolucionario, con el apoyo de las masas populares, ha sido capaz de "forzar la marcha de los acontecimientos, pero forzarlos dentro de lo que objetivamente es posible".[17]

En el interior de esta visión guevarista del proceso histórico —que se opone explícitamente a los "teóricos de la II Internacional" e implícitamente a la tradición hegemónica en el seno del marxismo latinoamericano en el curso de los treinta últimos años— existe la posibilidad objetiva de "quemar etapas", posibilidad cuya actualización o no depende de variables esencialmente *políticas*: el papel de los grupos revolucionarios. Esta interpretación del marxismo se distingue de la anterior, por consiguiente, por una concepción menos absoluta y más mediatizada del papel de la "infraestructura económica", y por una mayor valorización de la instancia política, en general, y de la intervención "voluntaria" y "consciente" de fuerzas organizadas, en particular. Estas tesis de Guevara reciben una expresión directamente política en la célebre fórmula del *Mensaje* de 1967, que se ha convertido rápidamente en uno de los puntos de referencia obligatorios de la visión "no etapista" en América Latina: "las burguesías autóctonas han perdido toda su capacidad de oposición al imperialismo —si alguna vez la tu-

[17] *Ibid.*, pp. 604-605.

vieron— y sólo forman su furgón de cola. No hay más cambios que hacer; o revolución socialista o caricatura de revolución".[18]

Chile es hoy* teatro de discusiones político-ideológicas en el seno de la izquierda marxista, uno de cuyos focos de divergencia es precisamente la cuestión de las etapas del proceso social.

El PC chileno había criticado ya abiertamente en 1967 —a través de un artículo de gran repercusión de su secretario general, Luis Corvalán— la tesis (que iba a ser defendida aquel mismo año por la OLAS) de una revolución socialista continental. En dicho artículo, Corvalán rechaza categóricamente la idea del "objetivo inmediatamente socialista de la lucha", e insiste en la necesidad de pasar primero por una etapa "antioligárquica y antimperialista".[19] Volvemos a encontrar este tema en el informe de Corvalán al XIV Congreso del PC chileno, del 23 de noviembre de 1969, cuando declara: "El poder popular que queremos generar y la revolución que necesitamos hacer son, por su esencia y su objeto, antimperialistas y antioligárquicas con la perspectiva del socialismo. Síguese de esto que en nuestra opinión no son serias y carecen de rigor científico las proposiciones que se hacen a veces en el sentido de dar ya un carácter socialista a todo el proceso revolucionario que debemos hoy realizar. El camino hacia el socialismo pasa a través de las transformaciones antimperialistas y antioligárquicas". En otros términos: se trata de realizar en la etapa actual sólo "las tareas concretas que corresponden a cada momento histórico", "los cambios que están planteados hoy objetivamente".[20]

[18] *Ibid.*, p. 644.

* Este trabajo fue escrito en 1972. [*E.*]

[19] Véase, al respecto, Carlos Cerda, *El leninismo y la victoria popular*, Santiago, Quimantú, 1971, pp. 111-121.

[20] Luis Corvalán, *Camino de victoria*, Stgo., Austral, 1971.

El interés de estas tesis es evidente, en la medida en que el partido que las ha elaborado es una de las principales fuerzas del gobierno de la Unidad Popular, cuya orientación trata de inspirar a partir de los principios estratégicos ("etapistas") citados.

Por otra parte, el Movimiento de Izquierda Revolucionaria (MIR) afirmaba, en su documento-programa de diciembre de 1967: "Rechazamos la 'teoría de las etapas' que establece, de manera errónea, que es preciso primero pasar por una fase democrático-burguesa, bajo la dirección de la burguesía industrial, antes de que el proletariado tome el poder".[21] Invocando la herencia política de Guevara, el MIR proclamaba el carácter socialista de la futura revolución chilena y fundaba sobre este supuesto su intervención política, su estrategia, su táctica y, además, su lucha ideológica con el PC chileno.

Se puede afirmar incluso que, en cierta medida, la mayoría de los temas en discusión en el seno de la izquierda chilena —vía pacífica o vía armada, papel del ejército y de la democracia cristiana, ocupaciones de fábricas o respeto de la legalidad, etc.— están directa o indirectamente ligados a la problemática de las etapas.

Es evidente que el debate entre estas dos concepciones, en el seno del marxismo latinoamericano, se halla lejos de estar agotado y seguirá siendo, probablemente, en el curso de los años 70, uno de los centros de polarización del campo ideológico y político.

El renacimiento actual de la corriente trotskista en América Latina es uno de los aspectos más significativos de esta polarización.

[21] En C. Lamour, *Le pari chilien*, París, Stock, 1972, p. 222.

CONCLUSIÓN

CIENCIA Y REVOLUCIÓN: OBJETIVIDAD Y PUNTO DE VISTA DE CLASE EN LAS CIENCIAS SOCIALES

Sólo la verdad es revolucionaria.
ANTONIO GRAMSCI

¿Es posible la objetividad en las ciencias sociales? ¿Se trata de una objetividad del mismo tipo que la de las ciencias naturales, como afirman los positivistas? ¿No es la ciencia social necesariamente "comprometida", es decir, vinculada al punto de vista de una clase social? ¿Cómo conciliar este carácter "partidista" con el conocimiento objetivo de la verdad?

Estas preguntas se encuentran en el centro del debate metodológico en la sociología, la historia, la economía política, la antropología, la ciencia política y la epistemología desde hace más de un siglo. Trataremos de demostrar por qué sólo el marxismo es capaz de aportar una solución radical y coherente a este problema (incluso si hay que reconocer que los textos de los autores marxistas no nos ofrecen más que los primeros elementos en este sentido), solución cuya primera condición de posibilidad es la ruptura epistemológica total con el positivismo.

I. EL POSITIVISMO

La idea central de la corriente positivista es de una simplicidad evangélica: en las ciencias sociales, como en las ciencias de la naturaleza, hay que desechar los prejuicios y los supuestos, separar los juicios de hecho de los juicios de valor, la ciencia de la ideología. El objeto del sociólogo, o del historiador, debe ser alcanzar la neutralidad serena, imparcial y objetiva propia del físico, del químico y del biólogo. Dejemos la palabra al "gran antepasado", Auguste Comte:

"Entiendo por física social la ciencia que tiene por objeto propio el estudio de los fenómenos sociales, considerados con el mismo espíritu que los fenómenos astronómicos, físicos, químicos y fisiológicos, es decir, como sujetos a unas leyes naturales invariables, cuyo descubrimiento constituye el fin especial de sus investigaciones".[1] "Sin admirar ni maldecir los hechos políticos y viendo en ellos esencialmente, como en toda otra ciencia, simples objetos de observación, la física social considera cada fenómeno desde el doble punto de vista elemental de su armonía con los fenómenos coexistentes y su encadenamiento con el estado anterior..."[2]

El positivismo comtiano está, pues, fundado sobre dos premisas esenciales, estrechamente ligadas:

1] La sociedad puede estar epistemológicamente asimilada a la naturaleza (lo que llamaremos el "naturalismo positivista"); en la vida social reina una armonía natural.

2] La sociedad está regida por leyes naturales, es decir, unas leyes invariables, independientes de la voluntad y de la acción humanas.

Se desprende de estas premisas que el método de las ciencias sociales puede y debe ser idéntico al de las ciencias de la naturaleza, que sus procedimientos de investigación deben ser los mismos y, sobre todo, su

[1] Auguste Comte, "Considérations philosophiques sur la science et les savants", *Politique d'Auguste Comte*, París, Colin, p. 71.

[2] *Cours de philosophie positive*, París, Schneider frères, 1908, t. IV, p. 214.

observación tan "neutra", objetiva y despreocupada de los fenómenos.

Las implicaciones ideológicas conservadoras, reaccionarias y contrarrevolucionarias de esta concepción son evidentes. Comte, cuya franqueza no es uno de sus menores méritos, las formula explícitamente. Puesto que las leyes sociales son leyes naturales, la sociedad no puede ser transformada; contrariamente a los sueños revolucionarios, utópicos y negativos, el positivismo preconiza la aceptación del statu quo social:

> [El positivismo] tiende poderosamente, por su índole, a consolidar el orden público, con el desarrollo de una sabia resignación [...]. No puede, evidentemente, existir verdadera resignación, es decir, disposición permanente a soportar con constancia, y sin ninguna esperanza de compensación cualquiera, unos males inevitables, sino a consecuencia de un profundo convencimiento de las leyes invariables que rigen todos los diversos géneros de fenómenos naturales. Es, pues, exclusivamente a la filosofía positiva a la que se refiere tal disposición, cualquiera que sea el objeto a que se aplique, y, por consiguiente, respecto también de los males políticos.[3]

Este pasaje, verdadera joya del naturalismo positivista, constituye uno de los raros momentos en los que el discurso sociológico burgués se manifiesta en toda su pureza, en estado salvaje, por así decirlo. Permite captar mejor el sentido verdadero de la palabra "positivo" empleada por Comte para distinguir, mejor dicho, oponer su doctrina a las peligrosas teorías *negativas*, críticas, destructoras, disolventes, subversivas, en una palabra, *revolucionarias*, de la filosofía de las luces, de la Revolución francesa y del socialismo.[4]

Durkheim, más que Comte, será el verdadero maestro del pensamiento de la sociología positivista moderna. Su naturalismo sociológico es de origen com-

[3] *Ibid.*, t. IV, p. 100.

[4] Cf. Comte, *Discours sur l'esprit positif*, París, 10/18, p. 73.

tiano, como lo reconoce explícitamente en *Las reglas del método sociológico*: "La primera regla y la más fundamental es considerar los hechos sociales como cosas. [. . .] Comte, es cierto, proclamó que los fenómenos sociales son hechos naturales sometidos a leyes naturales. Con esto, reconoció implícitamente su carácter de cosas; porque en la naturaleza no hay más que cosas".[5]

Durkheim apela varias veces a modelos naturalistas para "explicar" los fenómenos sociales, modelos cuya función ideológica es siempre conservadora. Por ejemplo, según Durkheim, la sociedad es, como el animal, "un sistema de órganos diferentes cada uno de los cuales tiene una función especial". Algunos órganos sociales tienen "una situación particular y, si se quiere, privilegiada"; situación, según él, completamente natural, funcional e inevitable: "Se debe a la índole de la función que desempeña y no a cualquier causa ajena a sus funciones". Este privilegio es, pues, un fenómeno absolutamente normal que se encuentra en todo organismo vivo: "Así es como, en el animal, la preeminencia del sistema nervioso sobre los demás sistemas se reduce al derecho, si es que podemos hablar así, de recibir un alimento más escogido y de tomar su parte antes que los demás".[6] En otras obras de Durkheim, la analogía "organicista" y el modelo social-darwinista de la "supervivencia de los más aptos" en "la lucha por la vida" se confunden: "Porque, si no hay nada que dificulte o favorezca indebidamente a los competidores que se disputan las tareas, es inevitable que sólo los más aptos para cada género de actividad lo logren. [. . .] Se dirá que jamás hay bastante para contentar a los hombres, y que hay algunos cuyos deseos exceden siempre a las facultades. Es cierto, pero se trata de casos excepcionales y, puede

[5] Durkheim, *Les règles de la méthode sociologique*, París, P.U.F., 1956, pp. 15-19.

[6] *La division du travail social*, París, P.U.F., 1960, pp. 157-158.

decirse, mórbidos [¡*sic*!]. Normalmente, el hombre encuentra la felicidad al realizar su naturaleza; sus necesidades están en relación con sus medios. Así, en el organismo, cada órgano no reclama más que una cantidad de alimentos proporcionada a su dignidad".[7]

Como Comte, Durkheim tenía plena conciencia del carácter fundamentalmente reaccionario de su naturalismo sociológico; lo proclama con un orgullo un tanto ingenuo en el prefacio de *Las reglas del método*: "Nuestro método no tiene nada de revolucionario. [¡*Es lo menos que se puede decir*!] Es incluso, en cierto sentido, esencialmente conservador, puesto que considera los hechos sociales como cosas cuya índole, por flexible y maleable que sea, no es, sin embargo, modificable a voluntad".[8]

El discurso durkheimiano, como hemos visto, pasa alegremente de la ley de la selva a las leyes naturales de la sociedad y de éstas a las de los organismos vivos. Este asombroso vagabundeo está fundado sobre un supuesto metodológico esencial: *la homogeneidad epistemológica* de los diferentes campos y, por consiguiente, de las ciencias que los toman por objeto. Supuesto que funda esta exigencia central y decisiva de todas las corrientes positivistas: "Que el sociólogo se coloque en el estado de ánimo en que se hallan físicos, químicos, fisiólogos, cuando se adentran en una región todavía inexplorada de su campo científico".[9]

¿Cómo puede el investigador en ciencias sociales colocarse en el estado de ánimo del químico, si el objeto de su estudio, la sociedad, es también el objeto de un combate político encarnizado en el que se enfrentan concepciones del mundo radicalmente opuestas? La respuesta de Durkheim es de una ingenuidad que desarma, llena de una "buena voluntad" positivista: "La sociología así entendida no será ni individualista,

[7] *Ibid.*, pp. 369-370.
[8] *Les règles de la méthode*..., prefacio, p. 8.
[9] *Ibid.*, p. 14.

ni comunista, ni socialista, en el sentido que se da vulgarmente a estas palabras. *Por principio, ignorará esas teorías* a las que no puede reconocer valor científico, ya que tienden directamente, no a expresar los hechos, sino a reformarlos". En otros términos: el sociólogo debe "ignorar" los conflictos ideológicos, "hacer callar las pasiones y los prejuicios" y "*desechar* sistemáticamente todas las prenociones".[10]

Durkheim, buen positivista, cree que los "prejuicios" y las "prenociones" pueden ser "desechadas" como se desecha un par de gafas oscuras para ver más claro. No comprende que estas "prenociones" (es decir, las ideologías) son, como el estrabismo y el daltonismo, parte integrante de la mirada, elemento constitutivo del punto de vista. El propio Durkheim es, por lo demás, la prueba viviente de que la "buena voluntad" y el ardiente deseo de ser objetivo no bastan en modo alguno para acallar los "prejuicios" (en su caso, conservadores y contrarrevolucionarios)...

El positivismo no es, en modo alguno, un fenómeno propio del siglo XIX. Corrientes manifiestamente neopositivistas ejercen todavía hoy una influencia decisiva, ya que no hegemónica, sobre las ciencias sociales universitarias, académicas, "oficiales" e institucionalizadas, en particular en los Estados Unidos. Las formas, evidentemente, han cambiado: behaviorismo y funcionalismo han remplazado la vieja metafísica de Auguste Comte, y el modelo cibernético sustituye ventajosamente al organismo biológico de Durkheim. Pero el principio fundamental sigue siendo el mismo: George A. Lundberg, autor de un manual de sociología moderna muy apreciado en los Estados Unidos, no vacilaba en escribir estas líneas que parecen tomadas directamente del *Discurso de filosofía positiva*: "Considerando la sociología como una ciencia natural, estudiaremos el comportamiento social humano con el

[10] *Ibid.*, pp. 140, 144, 31. Subrayado por nosotros.

mismo espíritu objetivo que un biólogo estudia un nido de abejas, una colonia de termes, la organización y el funcionamiento de un organismo vivo".[11]

Hay que agregar que la tesis positivista según la cual la objetividad tiene como condición la separación entre juicios de hecho y juicios de valor, y la eliminación voluntaria de las "prenociones", ha ejercido una influencia sobre la sociología que sobrepasa con mucho los límites de la corriente positivista en sentido estricto. Max Weber, en especial, que puede difícilmente ser considerado como un positivista, reconocía la especificidad de las "ciencias de la cultura" en relación con las ciencias naturales; creía, con todo, que la ciencia social podía y debía ser "sin supuesto previo" y "no valorizante" (*Wertfrei*). Según Weber, los conceptos de las ciencias sociales no deben ser "aceros para atacar a los adversarios", sino únicamente "rejas de arado para mullir el inmenso campo del pensamiento contemplativo"; porque "siempre que un hombre de ciencia hace intervenir su propio juicio de valor, deja de haber comprensión entera de los hechos".[12] En ciertos escritos metodológicos, sin embargo, reconoce Weber que, en lo referente a las ciencias sociales, los valores del observador desempeñan cierta

[11] G.-A. Lundberg, C. Schrag, O. Larsen, *Sociology*, Nueva York, 1954, p. 5. Cf., también, B. Berelson, "Introduction to the behavioural sciences", *The behavioural sciences today*, Nueva York, 1963, p. 3: "El fin científico es establecer generalizaciones sobre el comportamiento humano, sostenidas por evidencias empíricas reunidas de manera impersonal y objetiva. [. . .] El fin último es comprender, explicar y prever el comportamiento humano en el mismo sentido en que los científicos comprenden, explican y prevén el comportamiento de fuerzas físicas o de factores biológicos, o, lo que está más cerca de nosotros, el comportamiento de bienes y precios en el mercado económico". Véase, también, sobre este tema la obra de I. Kon, *Der Positivismus in der Soziologie*, Berlín, Akademie Verlag, 1968.

[12] Max Weber, *Le savant et la politique*, París, 10/18, 1959, pp. 80-82. [Hay ed. esp.]

función en la *selección* del objeto de la investigación científica, la determinación de la problemática y de las preguntas que hacer. Pero subraya que las respuestas dadas, la misma investigación y el trabajo empírico del sabio deben estar libres de toda valorización, y sus resultados ser aceptables por todos.[13] ¡Como si la elección de las preguntas no condicionara en gran medida las respuestas mismas! Lucien Goldmann subraya acertadamente el carácter contradictorio de la posición de Weber, a mitad de camino entre el desconocimiento del determinismo social del pensamiento sociológico que caracteriza a los positivistas y su aceptación íntegra por los marxistas: "Los elementos elegidos determinan de antemano, como es natural, el resultado del estudio. Siendo los valores [...] los de tal o cual clase social, lo que una perspectiva elimine como no esencial puede ser, por el contrario, muy importante en otra. [...] Sobre este punto, el pensamiento de Weber se revela insostenible".[14]

El error fundamental del positivismo es, por lo tanto, la incomprensión de la especificidad metodológica de las ciencias sociales respecto de las ciencias naturales, especificidad cuyas causas principales son:

1] el carácter histórico de los fenómenos sociales, transitorios, perecederos, susceptibles de ser transformados por la acción de los hombres;

2] la identidad parcial entre el sujeto y el objeto del conocimiento;

3] el hecho de que los problemas sociales son el objetivo de las miras antagónicas de las diferentes clases sociales;

[13] Weber, "Die Objektivität socialissenschaftlicher und sozialpolitischer Erkenntnis", *Gesammelte Aufsätze zur Wissenschaftslehre*, Tubinga, J.C.B. Mohr, 1922, pp. 170-184.

[14] Lucien Goldmann, *Sciences humaines et philosophies*, París, Gonthier, 1966, p. 43. [Hay ed. esp.] El análisis de Goldmann sobre el problema de la objetividad nos parece uno de los más interesantes de toda la literatura marxista contemporánea.

4] las implicaciones político-ideológicas de la teoría social: el conocimiento de la verdad puede tener consecuencias directas sobre la lucha de clases.

Estas razones (estrechamente ligadas unas con otras) hacen que el método de las ciencias sociales se distinga del método de las ciencias naturales, no sólo al nivel de los modelos teóricos, técnicas de investigación y procedimientos de análisis, sino también y sobre todo al nivel de la *relación con las clases sociales.* Las visiones del mundo, las "ideologías" (en el sentido amplio de sistemas coherentes de ideas y de valores) de las clases sociales dan forma de manera decisiva (directa o indirecta, consciente o inconsciente) a las ciencias sociales, planteando así el problema de su objetividad en términos completamente distintos de las ciencias de la naturaleza.

La realidad social, como toda realidad, es infinita. Toda ciencia implica una elección, y en las ciencias históricas esta elección no es producto de la casualidad, sino que está orgánicamente ligada a una perspectiva global determinada. Las visiones del mundo de las clases sociales condicionan, por lo tanto, no sólo la última etapa de la investigación científica social, la interpretación de los hechos, la formulación de las teorías, sino la elección misma del objeto de estudio, la definición de lo que es esencial y de lo que es accesorio, las preguntas que se hacen a la realidad; en una palabra, la *problemática* de la investigación.

Un ejemplo, la pregunta que hace constantemente Durkheim en *La división del trabajo social*: ¿cuáles son los factores que obstaculizan la libre competencia de los individuos en la lucha por la vida? Lejos de ser "inocente", lleva la marca de la visión del mundo social-darwinista de la burguesía en la época del capitalismo competitivo. Independientemente de la "respuesta" propuesta por Durkheim, esta "pregunta" orienta su teoría sociológica en cierta *dirección* dándole un carácter necesariamente "tendencioso".

Dicho esto, es cierto que la distinción entre ciencias sociales no debe hacérsela absoluta: es *histórica y relativa.*

Histórica, porque, durante todo un período, las ciencias de la naturaleza fueron también el objeto de un combate ideológico. Del siglo XV al XIX, las clases dominantes clérico-feudales han resistido a las ciencias de la naturaleza, que constituían un desafío a su sistema ideológico. La astronomía ha sido durante siglos el campo de una lucha de clase encarnizada, ideológica y a veces incluso política, y los hombres de ciencia han sido frecuentemente víctimas de la represión de los aparatos de Estado (Bruno, Galileo, etc.). Sólo gracias a la liquidación del modo de producción feudal y la declinación (o "modernización") de su ideología, las ciencias naturales se han convertido progresivamente en un terreno "neutro" desde el punto de vista ideológico. Sin embargo, incluso en el siglo XVI, la relación epistemológica entre la ciencia astronómica y las clases sociales no era del mismo tipo que el que se encuentra en las ciencias sociales. Volveremos sobre esto.

Relativa, porque el grado de "compromiso ideológico" no es el mismo en todas las ciencias sociales (ni el de "neutralidad ideológica" en todas las ciencias naturales) y porque, por otra parte, en el interior de una misma ciencia, determinados problemas son más "sensibles" que otros: la historia de la Revolución francesa despierta evidentemente más antagonismos de clase que la de las guerras del Peloponeso...

En conclusión: los positivistas insisten mucho en la heterogeneidad entre juicios de hecho y juicios de valor, y la necesidad lógica de su separación. Subrayan, con toda razón, por lo demás, que no se puede *deducir* nunca un juicio valorizante de un juicio factual. Según la célebre fórmula de Poincaré, las premisas en el indicativo no tienen conclusión *lógica* en el imperativo. Weber observa con ironía que no se podrá demostrar jamás científicamente la exactitud o el error del Sermón de la Montaña. He aquí algo que no se puede discutir; pero lo que olvidan tanto los positivistas como Weber, es la relación *inversa* entre la ciencia y lo normativo: los valores que orientan, influyen y condicionan los juicios de hecho. Relación ésta que no es *lógica* sino *sociológica*: es el *punto de vista de clase* (implicando unos elementos normativos) el que define, en una amplia medida, el *campo de visibilidad de una teoría social,* lo que ésta "ve" y lo que no ve, sus "opiniones" y sus "errores", su luz y su ceguera, su miopía y su hipermetropía.

II. LA TENTATIVA ECLÉCTICA DE MANNHEIM

Bajo el impacto del marxismo, el mito positivista de una ciencia social neutra y asexuada, como los ángeles de la teología medieval, ha sido atacado severamente. El problema de la determinación social del conocimiento no podía seguir siendo tan fácilmente ignorado. Una tentativa nueva para resolver el problema, que se distingue del positivismo tanto como del marxismo, habría de ser realizada por un tránsfuga del marxismo, Karl Mannheim, en su brillante obra *Ideología y utopía* (1929). Esta obra inicia una nueva rama de la ciencia social universitaria: la sociología del conocimiento.

Mannheim reconoce, como los marxistas, que la posición social del sabio, del observador, determina la *perspectiva* que es suya, es decir, por la manera en que contempla su objeto, lo que percibe en dicho objeto y cómo lo interpreta. Esta perspectiva es, pues, función de la concepción del mundo (Weltanschauung) de las diferentes clases y grupos sociales en conflicto en el seno de la sociedad. Estas diversas visiones particulares no descubren más que un aspecto del objeto, una parte de la realidad social: son necesariamente *unilaterales* y fragmentarias. Esto implica, según Mannheim, la posibilidad de una "integración de los diferentes puntos de vista mutuamente complementarios en un todo comprensivo", es decir, la posibilidad de una "síntesis de las perspectivas".

La cuestión central es evidentemente: ¿*quién* va a hacer esta síntesis? ¿Cuál es la clase o el grupo social que puede servir de base a esta "mediación dinámica" de los puntos de vista antagónicos? Según Mannheim, existe un grupo que, a causa de sus características específicas, es capaz de llevar a cabo esa tarea delicada y de alcanzar así un conocimiento completo y objetivo de la realidad: "La inteligencia sin lazos" (*freischwebende intelligenz*), que se encuentra sobre todo en las universidades e instituciones de enseñanza superior...

Ahora bien, esos intelectuales que se creen "sin lazos" (y que no se han incorporado a ninguna de las dos clases en conflicto: la burguesía y el proletariado), ¿no están precisamente ligados a la clase de que son en su mayoría originarios, y que es la más próxima a su situación social, a saber la *pequeña burguesía*? ¿Su "síntesis dinámica" puede ser otra cosa que un *justo medio ecléctico* entre las grandes concepciones del mundo en conflicto, justo medio *estructuralmente homólogo* a la posición "intermedia" de su capa social?

El tipo de "síntesis" que el propio Mannheim nos presenta, constituye una respuesta muy instructiva a estas cuestiones. En su libro *Libertad, poder y planificación democrática,* preconiza una "tercera vía", un sistema de reformas pacíficas y graduales fundado sobre la "planificación social", sistema gracias al cual "la sociedad capitalista contemporánea puede todavía equilibrarse", ¡por "la concesión suficiente de servicios y mejoras sociales a las clases inferiores, para que estas últimas se interesen también por que el orden social se mantenga"! No se necesita insistir sobre el carácter muy poco "dinámico" de tal "mediación"...

III. EL DEBATE EN EL SENO DEL MARXISMO

Según Mannheim, el marxismo no se ha sometido jamás a los procedimientos de "exhibición ideológica" empleados contra sus adversarios, y no ha suscitado jamás el problema de la determinación social de su propia posición. Una "auto-exhibición" tal demostraría que el marxismo constituye, como ideología del proletariado, un punto de vista tan "partidista" como el de las ideologías de las demás clases.[15]

En realidad, en contra de lo que pretende Mannheim (y también, en otro contexto, Althusser), Marx no ocultó jamás la perspectiva de clase que orienta su pensamiento. No sólo "exhibió" el carácter *burgués* de la obra de sus adversarios (economía política clásica y vulgar), sino que afirmó además, clara y llanamente, el carácter *proletario* de su propio punto de vista. En una de sus primeras obras económicas escribía ya: "Así como los *economistas* son los representantes científicos de la clase burguesa, los *socialistas* y los *comunistas* son los teóricos de la clase proletaria. [...] la ciencia, producto del movimiento histórico en el que participa ya con pleno conocimiento de causa, deja de ser doctrinaria para convertirse en revolucionaria".[16]

¿Se trata de una obra de juventud (1847), de una posición de Marx "antes de su madurez"? En realidad, Marx reafirmará explícitamente en la advertencia final de la segunda edición del *Capital* el carácter "comprometido" de su crítica de la economía política y su

[15] Karl Mannheim, *Idéologie et utopie*, París, Marcel Rivière, 1956, p. 213. [Hay ed. esp.]

[16] Marx, *Misère de la philosophie*, Sociales, 1948, p. 100 [ed. esp., Buenos Aires, Siglo XXI, 1970, p. 109]; cf. también F. Engels: "El comunismo, en la medida en que es una teoría, constituye la expresión teórica de la posición del proletariado en la lucha de clases [...]" "Die Kommunisten und Karl Heinzen", Marx, Engels, *Werke*, Berlín, Dietz Verlag, Bd. 4, p. 322.

inserción en un punto de vista de clase: "Y esta crítica, en la medida en que una clase es capaz de representarla, sólo puede estar representada por aquella clase cuya misión histórica es derrocar el régimen de producción capitalista y abolir definitivamente las clases: el proletariado." [17]

Por consiguiente, el método de Marx, no es "neutro", "positivo" o naturalista; este método, que él titula *dialéctica racional*, "provoca la cólera y es el azote de la burguesía y de sus portavoces doctrinarios, porque en la inteligencia y explicación positiva de la que existe abriga a la par la inteligencia de su *negación*, de su muerte forzosa; [es] crítica y revolucionaria por esencia." [18]

En una palabra, Marx consideraba su ciencia como revolucionaria y proletaria y, como tal, opuesta y (superior) a la ciencia conservadora y burguesa de los economistas clásicos. El "corte" entre Marx y sus predecesores, es para él un corte *de clase* en el interior de la historia de la ciencia económica.

Este punto de vista lo compartía Lenin, quien subrayaba en su célebre texto sobre las fuentes del marxismo: "En una sociedad erigida sobre la lucha de clases no puede haber una ciencia social 'imparcial'. De un modo o de otro, *toda* la ciencia oficial y liberal *defiende* la esclavitud asalariada, mientras que el marxismo ha declarado una guerra implacable a esa esclavitud." [19] (Según Lenin, "esperar una ciencia imparcial en una sociedad de esclavitud asalariada sería la misma pueril ingenuidad que esperar de los fabri-

[17] Marx, *Das Kapital I, Werke*, 23, Berlín, Dietz Verlag, 1968, p. 22 [ed. esp., t. I, p. xx]; cf. también "Memoria inaugural de la I Internacional", donde Marx opone "la economía política de la clase obrera" a "la economía política de la clase media".

[18] *Ibid.*, p. 28, subrayado por nosotros, M. L. [Ed esp., t. I, p. xxiv.]

[19] Lenin, "Tres fuentes y tres partes integrantes del marxismo", en *Obras escogidas*, Moscú, Progreso, 1966, t. I, p. 61.

cantes imparcialidad en cuanto a la conveniencia de aumentar los salarios de los obreros, en detrimento de las ganancias del capital".)

Rechazando explícitamente toda separación entre ciencia e ideología revolucionaria, "juicio de hecho" y "juicio de valor", objetividad y punto de vista de clase, Lenin aprehende el marxismo en su unidad dialéctica, como *ciencia revolucionaria del proletariado*, como doctrina que "asocia el espíritu revolucionario a un carácter altamente científico (siendo la última palabra de las ciencias sociales), y no lo hace por casualidad, ni únicamente porque el fundador de esta doctrina reunía en sí mismo las cualidades del sabio y del revolucionario; *los asocia en la teoría misma: íntima e idisolublemente*".[20]

La tesis del carácter proletario del marxismo lo afirma también Rosa Luxemburg en su polémica contra Bernstein ("Como la sociedad verdadera se compone de clases que tienen intereses, aspiraciones, concepciones diametralmente opuestas, una ciencia general humana en las cuestiones sociales, un liberalismo abstracto, una moral abstracta, son por el momento una ilusión, una pura utopía"),[21] así como Lukács, Korsch y Gramsci, es decir, la corriente impropiamente llamada "izquierdismo teórico", pero que constituye, en realidad, con Lenin y Trotski, la gran corriente *dialéctica revolucionaria* del marxismo moderno. La aportación de Lukács es particularmente importante, porque va a precisar el sentido del concepto "punto de vista del proletariado". No se trata de la vivencia inmediata, de la conciencia empírica de la clase obrera, sino del *punto de vista que corresponde racionalmente a sus intereses históricos objetivos.*

La relación epistemológica entre el marxismo y el

[20] "Ce que sont les amis du peuple", en *Marx, Engels, marxisme*, Moscú, Langues Étrangères, p. 102. Subrayado por nosotros. [Hay ed. esp.]

[21] *Réforme ou révolution*, París, Spartacus, 1947, p. 75.

proletariado será negada, por el contrario, bajo dos formas diferentes, igualmente marcadas con el sello del positivismo, por los portavoces del revisionismo y de "la ortodoxia" en el seno de la II Internacional: los "hermanos enemigos", Bernstein y Kautsky.

Bernstein exige la división en compartimentos rigurosa, estanca y absoluta entre "los hechos" y "los valores", entre la ciencia pura (a lo Comte) y la moral pura (a lo Kant). Una de las críticas que hace a Marx es precisamente haber confundido las dos, lo cual explica, en su opinión, el carácter "tendencioso" de sus obras económicas, su "utopismo" y sus "a priori".

La ciencia económica, según Bernstein, debe estar por encima de los conflictos de clase, ser empírica, no partidista, libre de supuestos previos; en una palabra, *positiva*: "Mi manera de pensar me hubiera predispuesto más bien a la filosofía y a la sociología positivistas", confiesa en un ensayo autobiográfico.[22]

Kautsky era, en principio, el defensor del "marxismo ortodoxo" contra Bernstein. En realidad, su posición en el problema de la objetividad (entre otros) no estaba tan alejada de la de Bernstein. Según él, es preciso distinguir cuidadosamente entre "el ideal socialista" y "el estudio científico de las leyes de la evolución del organismo social". Como revela su terminología, la biología evolucionista de Darwin era para Kautsky el modelo de la ciencia marxista, cuyo objeto sería "el descubrimiento de las leyes de la evolución común a las plantas, a los animales y a los hombres".[23] Kautsky iba en realidad a hacer suyas las premisas metodológicas positivistas de Bernstein y hasta, en cierta medida, las críticas revisionistas respecto del carácter "tendencioso" de los escritos de Marx: "Transparéntase a veces hasta en Marx, en su investigación científica, la

[22] Angel, E. *Bernstein et l'évolution du socialisme allemand*, Didier 1961, p. 194.

[23] Kautsky, *Die materialistische Geschichtsauffassung*, 1927, Bd. 2, p. 631.

acción de un ideal moral. Pero siempre se esforzó, con razón, en ahuyentarlo en la medida en que le era posible. Porque, en la ciencia, el ideal moral deviene en una fuente de errores, si se permite prescribirle sus fines".[24]

El problema está relativamente enredado en Bernstein y Kautsky, porque no abordan la discusión sobre el punto de vista de clase más que por el rodeo de la ética y del ideal moral. Pero se trata de la misma cuestión: la ética no es sino un aspecto de la visión del mundo que constituye el punto de vista particular, la perspectiva de una clase social, perspectiva que condiciona (en grados diversos), a través de las mediaciones complejas, la "tendencia" de toda ciencia social.

En su último gran escrito teórico, *La concepción materialista de la historia* (1927), Kautsky, más claro y más coherente, explica que el materialismo histórico es "una teoría puramente científica que, como tal, no se halla en modo alguno vinculada al proletariado".

Un aspecto nuevo va a ser introducido en la problemática de la relación entre ciencia e ideología por el *stalinismo*, caricatura del punto de vista del proletariado que es, en realidad, el punto de vista de otra capa social: la burocracia. Esta desviación, esta distorsión, van a crear para el stalinismo la necesidad de una *ocultación ideológica*: la burocracia debe ocultar a las masas absolutamente (y a veces a sí misma, por un proceso de autofalsificación) el desfase entre su perspectiva y la del proletariado. Resulta de esto una *instrumentalización* extrema de la ciencia, directamente sometida a las necesidades político-ideológicas de la burocracia, instrumentalización cuyo ejemplo más clásico y más notable es la célebre *Historia del partido comunista (b) de la URSS*, cuyas numerosas reediciones "revisadas y corregidas" en función de los cambios de línea de la dirección del partido, se carac-

[24] *Ethique et conception matérialiste de l'historie*, citado por Lucien Goldmann, *Recherches dialectiques*, París, Gallimard, p. 284. [Hay ed. esp.]

terizan todas por la deformación más grosera y más desvergonzada de los hechos históricos.

Este aspecto del stalinismo es ampliamente conocido, y no hay ninguna necesidad de insistir en él; añadamos tan sólo que la "falsificación" no es un elemento accidental, arbitrario o contingente del stalinismo, sino una dimensión orgánica y esencial, que deriva del carácter de su punto de vista: punto de vista de la burocracia que debe, no obstante, presentarse como el del proletariado.

Pero lo más interesante, a nivel epistemológico, es que la instrumentalización de la ciencia no haya respetado las ciencias de la naturaleza, que fueron sometidas a un proceso de "ideologización", especialmente en el curso del período 1948-1953. Se opuso, de manera esquemática, brutal y tajante, ciencia proletaria y ciencia burguesa, en el dominio del estudio de la naturaleza en general, y de la biología en particular. Se trató (en vano) de demostrar la superioridad de la ciencia soviética, de la biología pretendidamente "proletaria" de Lyssenko, sobre la ciencia occidental, representada por la biología "reaccionaria y burguesa" de Mendel-Wässerman. Esto, no sólo en la URSS, sino en todo el movimiento comunista mundial. En Francia, *La Nouvelle Critique*, revista de los intelectuales del PC francés, organizó en 1950 un gran coloquio consagrado al tema "ciencia burguesa y ciencia proletaria" y publicó una serie de artículos en honor de Lyssenko, el más notable y sabroso de los cuales es el de un tal Francis Cohen. Lyssenko había escrito en *Izvestia* del 15 de diciembre de 1949 que los descubrimientos de los biólogos soviéticos no habían sido posibles sino gracias a "la enseñanza de Stalin sobre las transformaciones cuantitativas graduales, ocultas, invisibles, que conducen a una rápida modificación cualitativa fundamental". Francis Cohen citaba este texto del ilustre "biólogo proletario", y lo analizaba desde el punto de vista de la epistemológica stalinista de las ciencias: "Esta cita exige algunos comentarios. Nos muestra, en primer lugar, el proceso mismo de elaboración de la ciencia proletaria: el hecho experimental en la base, y después la interpretación, ayudada por la teoría marxista-leninista, muy precisamente aquí por el capítulo IV de la *Historia del partido comunista (b) de la URSS*".[25]

Se ve, pues, cómo la citada *Historia...*, esa *summa theologica* stalinista, deviene no sólo la matriz de toda ciencia política, sino también la fuente del progreso en las ciencias naturales. Para aquellos que se atrevieran a poner en duda la pertinencia de los escritos de Stalin para la ciencia biológica, con el pretexto de que se trataba de un "argumento de autoridad", Francis Cohen proclamaba con indignación:

Para un comunista, y por las razones que Desanti ha expuesto aquí, Stalin es la más alta autoridad científica del mundo. [...] Esto es algo que aclara singularmente la cuestión de los "argumentos de autoridad". Poner en duda una afirmación hecha en tales circunstancias, es poner en duda, contra la evidencia, la eficacia, la rectitud y la unidad del stalinismo. Es asimilar un sabio proletario consagrado a la construcción del comunismo a un sabio burgués aislado, privado de teoría directiva, irresponsable.[26]

[25] Francis Cohen, "Mendel, Lyssenko et le rôle de la science", *La Nouvelle Critique*, París, núm. 13, febrero, 1950, p. 61. El capítulo IV, redactado por Stalin, contiene un "resumen" de los principios del materialismo histórico y dialéctico.

[26] *Ibid.*, p. 62. Desanti, miembro en aquella época del PC francés, escribió en *La Nouvelle Critique*, París, núm. 11, diciembre 1949, el artículo "Stalin, sabio de nuevo tipo", bajo estos subtítulos: 'La ciencia stalinista, ciencia universal, ciencia enciclopédica'; 'La ciencia stalinista, ciencia rigurosa'. Agreguemos, en descargo de Desanti, matemático muy respetable y hombre de ciencia eminente, que su artículo fue escrito "con ayuda de una comisión creada especialmente para esta circunstancia, presidida por Victor Joannes, miembro del comité central".

El extraordinario artículo de Francis Cohen, maravilloso ejemplo de la visión del mundo stalinista, termina con el apóstrofe siguiente, que borra eufóricamente toda distinción epistemológica entre ideología política y ciencia natural:

> No puede haber compromiso ideológico en materia de ciencia como no lo hay en materia de lucha sindical o de lucha por la paz. El combate de la clase obrera se desarrolla también en los laboratorios, y la vía de la victoria en todos los campos, la muestra el país de la clase obrera en el poder, su partido bolchevique y José Stalin, el guía de los trabajadores y el hombre de ciencia más grande de nuestro tiempo (p. 70).

Con motivo de una conferencia propiciada por *La Nouvelle Critique* sobre "Ciencia burguesa y ciencia proletaria", la redacción de esta revista explicaba algunos de los supuestos de esta grosera sociologización de las ciencias de la naturaleza:

- La ciencia es "una ideología históricamente relativa";
- "La práctica burguesa" y la "práctica proletaria" se enfrentan y "definen dos ciencias fundamentalmente contradictorias: la ciencia burguesa y la ciencia proletaria".

¿Se trata de las ciencias sociales, de la economía política, de la historia? No, se trata simplemente de la *biología:*

> Los descubrimientos michurinianos, los trabajos de Lyssenko pertenecen a tal ciencia socialista. Colocarse en sus posiciones, haciendo propios sus criterios, es la condición de objetividad en la discusión científica, en la discusión *sobre el detalle científico.*[27]

Se trata, en cierto sentido, de un *positivismo de signo inverso*. Así como el positivismo, tampoco reco-

[27] "La science, idéologie historiquement relative", *La Nouvelle Critique*, París, núm. 15, abril 1950, p. 46.

noce ninguna distinción metodológica fundamental entre ciencias sociales y ciencias naturales. Mientras que el positivismo quiere "naturalizar" las ciencias históricas, el stalinismo-lyssenkismo trata de "ideologizar" las ciencias de la naturaleza. Llega así al absurdo de una biología "proletaria" y crea los fundamentos de una química, de una física y de una astronomía "proletarias"...

El problema de la objetividad queda resuelto por la proclamación canónica y dogmática de la infalibilidad papal del Guía de los Pueblos y Hombre de Ciencia más Grande de Nuestro Tiempo, maestro de pensar de los historiadores, economistas, biólogos y genetistas, ¡solución que ofrece evidentemente la doble ventaja de la sencillez y de la coherencia!

Louis Althusser fue parte interesada del gran festival de la ciencia proletaria de los años 50. En los comienzos de la década posterior, después de la muerte de Stalin, el XX Congreso y la confesión, por los soviéticos, de la impostura de Lyssenko, Althusser estaba traumatizado: había recibido, según ha escrito, un verdadero "choque". Sinceramente arrepentido de sus pecados de juventud, buscando el camino de la verdad objetiva, Althusser habría de sentirse sobrecogido por un santo horror ante el concepto de "ciencia proletaria", contra el que lanzaría el anatema, no sólo en la esfera de las ciencias de la naturaleza (lo cual estaría plenamente justificado), sino de *todas* las ciencias, comprendido el marxismo:

En nuestra memoria filosófica, ese tiempo permanece como el tiempo de los intelectuales armados [que] dividían el mundo (artes, literaturas, filosofías y ciencias), utilizando un solo corte: el despiadado corte de las clases. Tiempo cuya caricatura puede resumirse en una frase: bandera izada que flamea en el vacío: "ciencia burguesa", "ciencia proletaria".

Algunos dirigentes, para defender, contra el furor de los ataques burgueses, un marxismo entonces aventurado en la 'biología' de Lyssenko, habían vuelto a lanzar la vieja fórmula izquierdista que había sido anteriormente la consigna de Bogdanov y del Proletkult. Una vez proclamada, lo dominó todo. [...] Se nos hacía tratar la ciencia cuya rúbrica cubría las obras mismas de Marx, como una ideología cualquiera.[28]

La posición que habría de asumir Althusser es el reverso simétrico del lyssenkismo, compartiendo con éste el mismo error capital: el desconocimiento de la diferencia (relativa, pero esencial) entre historia y naturaleza, ciencia histórica y ciencia natural, diferencia que explica por qué no puede haber genética "proletaria", ni historia "por encima de las clases" (o "no partidista") de la Revolución rusa...

Igualmente, la aceptación del "espíritu del partido" stalinista, ayer, y el rechazo de la ciencia proletaria "en el campo de las ciencias históricas", hoy, están fundados en la misma equivocación. La confusión entre el punto de vista del proletariado y su pobre caricatura burocrática: adorados juntos ayer, quemados juntos hoy.

Althusser se situaría, por consiguiente, en una posición cercana, en ciertos aspectos, al *positivismo*. Por lo demás, no oculta su admiración por Comte, "el único espíritu digno de interés" que la filosofía francesa ha producido "en los 130 años que siguieron a la revolución de 1789".[29]

Por el contrario, critica severamente el "izquierdismo teórico" de Lukács y Korsch por haber proclamado que el marxismo es una ciencia proletaria y por haberlo opuesto a la ciencia burguesa: "La inter-

[28] Althusser, *Pour Marx*, p. 12. [Ed. esp., Siglo XXI, p. 14.]

[29] *Ibid.*, p. 16 [ed. esp., p. 17]. Cf. también *Lenin et la philosophie*, p. 13 [hay ed. esp.]: la filosofía francesa "no puede ser *salvada* ante su propia historia más que por los escasos grandes talentos con los cuales se encarnizó, como Comte y Durkheim"...

pretación historicista-humanista [...] proclamaba un retorno radical a Hegel (el joven Lukács, Korsch) y elaboraba una teoría que ponía la doctrina de Marx en relación de *expresión* directa con la clase obrera. De esta fecha data la famosa oposición entre 'ciencia burguesa' y 'ciencia proletaria', en la que triunfaba una interpretación idealista y voluntarista del marxismo como expresión y producto exclusivo de la práctica proletaria".[30] Señalemos de paso que se trata de una interpretación muy arbitraria de las tesis del joven Lukács, para el cual el marxismo no es la expresión "directa" o el "producto exclusivo" de la práctica proletaria, sino el punto de vista que corresponde racionalmente a los intereses objetivos del proletariado: la célebre "conciencia de clase adjudicada" (*Zugerechnetes Bewusstsein*).

Althusser critica igualmente a Gramsci y a sus discípulos italianos, porque "definen como históricas las condiciones de todo conocimiento referente a un objeto histórico" (p. 77). Para él, en cambio, la ciencia (social o natural) tiene una historia propia, *independiente y separada* de la historia social y política, es decir, que no está afectada por la lucha de clases ni forma parte del "bloque histórico" (p. 93). Tesis que está en oposición no sólo con Gramsci, izquierdista teórico incorregible, sino también con el Lenin ortodoxo y científico de *Materialismo y empiriocriticismo* (que Althusser invoca con tanta frecuencia), que escribía: "El materialismo dialéctico de Marx y Engels contiene ciertamente el relativismo, pero no puede ser reducido a él; en efecto, si bien reconoce la relatividad de todo nuestro conocimiento, no es en el sentido en que negaría la verdad objetiva, sino en el sentido en el que los límites de la aproximación de nuestro conocimien-

[30] Althusser, *Lire le Capital*, II, p. 104. [Ed. esp., Siglo XXI, p. 153.]

to a la realidad están históricamente condicionados".[31]

La irresistible inclinación de Althusser al positivismo se manifiesta también en su insistencia sobre la heterogeneidad radical, la ruptura total (el célebre "corte epistemológico") entre *ciencia* e *ideología*. La ideología está, según él, "gobernada por 'intereses' exteriores a la única necesidad del conocimiento".[32] Se desprende de esto, implícitamente, que, por lo que respecta a la ciencia, ella no está gobernada más que por la voluntad del conocimiento. Para Althusser, por consiguiente, una ciencia social y política que *hiciera abstracción* de intereses "externos" es posible; supone, como Durkheim y los positivistas, que esos intereses pueden ser dejados "en el exterior" de la investigación científica, del mismo modo que se dejan las navajas en el guardarropa al entrar en un salón de billar decente. Supone también que la ciencia de Marx mismo no estaba influenciada por ninguno de esos intereses "externos" (equivalente althusseriano de los "juicios de valor" de los positivistas). Para él, Marx inauguró una nueva ciencia, la ciencia de la historia, por un "corte" con la ideología burguesa de la economía clásica. Pero no explica en parte alguna las condiciones sociales, políticas, históricas que permitieron esta ruptura. Puesto que niega *todo vínculo epistemológico entre la ciencia marxista y el proletariado*, no puede presentar la escisión entre Marx y sus predecesores sino como un fenómeno puramente intelectual, imputable por entero al genio de Marx.[33]

Porque ignora el carácter socialmente condicionado de las ciencias sociales es por lo que Althusser no dis-

[31] Lenin, *Materialism and empirio-criticism*, Moscú, Progress, 1967, pp. 123-124. [Hay ed. esp.]

[32] *Ibid.*, II, p. 105 [Ed. esp., Siglo XXI, p. 154].

[33] Cf., a este respecto, el notable trabajo de Norman Geras, "Althusserian marxism: an exposition and assessment", *New Left Review*, febrero de 1972.

tingue metodoógicamente entre ciencias de la naturaleza y ciencias de la historia, lo cual le permite comparar constantemente a Marx con Galileo y Lavoisier, subrayando la similitud, mejor dicho, *la identidad epistemológica* de sus descubrimientos:

> Para comprender a Marx, *debemos tratarlo como a un sabio entre otros* y aplicar a su obra científica *los mismos conceptos* epistemológicos e históricos que aplicamos a los otros: aquí a Lavoisier. Marx aparece así como un fundador de ciencia, comparable a Galileo y Lavoisier.[34]

Ahora bien, ¿cómo tratar "como a un sabio más" a este Marx que escribía en 1845: "Los filósofos no han hecho otra cosa que interpretar el mundo, y se trata de transformarlo"? A menos de considerar la tesis XI sobre Feuerbach como el grito exaltado de un joven "izquierdista teórico" que no había alcanzado aún su plena madurez...[35]

A veces, sin embargo, parece Althusser tocar con el dedo el problema que nos ocupa: "La 'ciencia económica' está particularmente expuesta a las presiones de la ideología; las ciencias de la sociedad no tienen la serenidad de las ciencias matemáticas. Hobbes lo decía ya: la geometría une a los hombres, la ciencia social los divide. La 'ciencia económica' es la arena y el lugar de los grandes combates políticos de la historia".[36]

Desgraciadamente, según el contexto en que se encuentra este párrafo, parece que la "presión ideológica" no afecta más que a los economistas burgueses; en cuanto a Marx, representa una ciencia liberada de las "presiones", aséptica, serena, que no hace sino repetir, en un nuevo campo, las experiencias meto-

[34] Althusser, *ibid.*, II, p. 119. Subrayado por nosotros, M. L. [Ed. esp., Siglo XXI, pp. 165-166.]

[35] Cf. la interesante introducción de J. M. Brohm al libro de Jakubowsky, *Les superstructures idéologiques dans la conception matérialiste de l'histoire,* París, E.D.I., 1972.

[36] *Ibid.*, II, p. 165. [Ed. esp., Siglo XXI, p. 200.]

dológicas "que, desde hace mucho, se imponen a la práctica de las ciencias que han alcanzado su autonomía", es decir, de las ciencias exactas y de las ciencias de la naturaleza, lo cual nos trae de nuevo a la pendiente resbaladiza del neopositivismo.

Althusser tiene razón al subrayar la *especificidad* de la práctica científica, su *autonomía* en relación con la estructura social, con las condiciones históricas. Su error es *absolutizar* esta autonomía transformándola en una *independencia,* una separación, una ruptura casi total. Para él, la historia de la ciencia económica está, como la historia de la ciencia química, marcada por un descubrimiento genial que instaura el "corte epistemológico" entre ciencia e ideología, sin ninguna relación con una clase social y su punto de vista. Althusser no parece sospechar que el vínculo entre Marx y el proletariado revolucionario no es exactamente de la misma índole que el que existía entre Lavoisier y la burguesía revolucionaria de 1789... No porque ésta hiciera guillotinar al ilustre sabio, sino porque el descubrimiento del oxígeno no tenía ninguna relación epistemológica con las luchas, aspiraciones e intereses del tercer estado.

En conclusión:

1. Las tesis de Althusser están en contradicción explícita con Marx, que proclamaba que su crítica de la economía política representaba el punto de vista del proletariado, así como con Lenin, que subrayaba el carácter "de clase" de toda ciencia social.

2. Althusser no reconoce más que dos posibilidades:

☐ La ciencia social como práctica independiente en relación con las luchas sociales, liberada de toda sujeción de clase (tesis que defiende);

☐ La ciencia social como expresión *inmediata* y *exclusiva* del proletariado (tesis injustamente atribuida a los "izquierdistas teóricos").

Olvida una tercera variante, en nuestra opinión la única correcta: la ciencia histórica se sitúa necesariamente desde el punto de vista de una clase, pero es relativamente autónoma en su esfera de actividad propia.

3. Por reacción contra el zdanov-lyssenkismo de los años 50, Althusser arroja al foso del "izquierdismo" al bebé marxista junto con el agua sucia stalinista, para situarse en un campo teórico minado por el positivismo.

Una "sociología del althusserismo" descubriría probablemente tras de sus tesis la resistencia (muy comprensible) de ciertas capas de intelectuales del PC francés contra su sumisión a los imperativos políticos cambiantes del partido, para el reconocimiento de la independencia y de la dignidad del trabajo científico. Sin embargo, incapaces de distinguir la perspectiva histórica del proletariado de su caricatura burocrática stalinista, transforman su deseo de emancipación en relación con el aparato del partido en teoría de la liberación de la ciencia marxista respecto del proletariado.

IV. CONCLUSIÓN: EL PUNTO DE VISTA DEL PROLETARIADO

Si se admite la tesis del marxismo revolucionario según la cual toda ciencia social es, conscientemente o no, directa o indirectamente, "comprometida", orientada, "tendenciosa", "partidista", ligada a la visión del mundo, al *punto de vista* de una clase social, es preciso encontrar una salida para evitar la vía muerta del *relativismo*. Para el relativismo consecuente, no existe verdad objetiva: existen varias verdades, la del proletariado, la de la burguesía, la de los conservadores, la de los revolucionarios, cada una de ellas igualmente parcial, igualmente verdadera o falsa. Se cae así en la famosa noche relativista en la que todos los gatos son pardos, y se acaba por negar la posibilidad de un conocimiento objetivo. Por ejemplo, no habría una historia verdadera y objetiva de la Revolución francesa, sino diferentes historias que vienen a ser la misma todas ellas: historia contrarrevolucionaria, historia liberal, historia jacobina, historia socialista. La de Joseph de Maistre, que explicaba el 1789 por el castigo divino de los franceses culpables de pecados abominables, sería tan buena (o tan mala) como la de Jaurès, que interpretaba los hechos en términos de lucha de clases...

Puesto que tal posición agnóstica es estéril y manifiestamente absurda, es forzoso reconocer que *ciertos puntos de vista son relativamente más verdaderos que otros*, o, para ser más precisos, que ciertas perspectivas permiten una aproximación relativamente mayor a la verdad objetiva. Ahora bien, ¿cuál es la visión del mundo epistemológicamente privilegiada, cuál es el punto de vista más favorable al conocimiento de lo real?

La primera respuesta posible —respuesta correcta, aunque insuficiente— es ésta: el punto de vista de la clase revolucionaria es, en cada período histórico, superior al de las clases conservadoras, porque es el único capaz de reconocer y de proclamar el proceso de cambio social: la burguesía revolucionaria hasta el siglo XVIII, el proletariado a partir del XIX.

En efecto, únicamente desde el punto de vista del proletariado, como clase revolucionaria, deviene *visible* la *historicidad* del capitalismo y de sus leyes económicas. Como lo subraya Rosa Luxemburg: "Es precisamente y sólo porque Marx consideraba la economía capitalista en primer lugar como socialista, es decir desde el punto de vista histórico, por lo que pudo descifrar sus jeroglíficos..." [37] Para los economistas burgueses, las leyes capitalistas son las leyes "naturales" de

[37] R. Luxemburg, *ibid.*, p. 55.

la producción en general, de la producción como tal. El método de Marx, en cambio, —"escándalo y abominación para la burguesía"— capta cada forma "bajo su aspecto transitorio", perecedero, porque se sitúa en la perspectiva de la clase portadora del proyecto revolucionario. (No es casual que Althusser, quien niega que la ciencia marxista se sitúe en el punto de vista del proletariado, quiera negar también que el historicismo sea la distinción metodológica capital entre Marx y la economía política burguesa.)

En un pasaje bastante conocido de *Miseria de la filosofía*, observa Marx que la burguesía había proclamado con razón que las instituciones del feudalismo eran históricas, superadas, arcaicas; en tanto que esa misma burguesía se obstina en presentar las instituciones del orden capitalista como naturales y eternas. "Así, pues, ha habido historia, pero ha dejado de haberla", agrega irónicamente Marx. La burguesía revolucionaria había percibido y denunciado el carácter histórico y transitorio del sistema feudal; sólo el proletariado es capaz de percibir y de denunciar la historicidad del sistema burgués.

Se puede, pues, llegar a una conclusión con Adam Schaff, resumiendo la tesis propuesta por la mayoría de los autores marxistas que han examinado el problema de las condiciones de posibilidad de la superioridad epistemológica de la "ciencia proletaria":

"Los miembros y los partidarios de la clase colocada objetivamente en situación revolucionaria, cuyos intereses colectivos e individuales coinciden con las tendencias de desarrollo de la sociedad, se sustraen a la acción de los frenos psíquicos que intervienen en el proceso cognoscitivo de la realidad social; por el contrario, sus intereses concurren a la acuidad de la percepción de los procesos de desarrollo, de los síntomas de descomposición del orden antiguo y de los signos precursores del orden nuevo cuyo advenimiento esperan. [...] No afirmamos en modo alguno con esto que tal vía conduzca a la verdad absoluta; pretendemos únicamente que dichas posiciones constituyen un mejor punto de partida y una mejor perspectiva en la búsqueda de la verdad objetiva, relativa es cierto, pero óptimamente íntegra, óptimamente completa en relación con el nivel dado de desarrollo del saber humano" [38]

Esta tesis, que afirma por lo tanto la superioridad general desde el punto de vista de *toda* clase revolucionaria, nos parece parcialmente correcta, pero suscita cierto número de dificultades. Sabido es que en el pasado la clase conservadora tenía a veces intuiciones parciales más "verdaderas" o más "realistas" que la clase ascendente. ¿Cómo negar, por ejemplo, la verdad relativa del contrarrevolucionario inglés Burke en su crítica del carácter abstracto, ahistórico y arbitrario de la ideología burguesa revolucionaria de los "derechos naturales"?

A esto se debe que Mannheim abogue por la "síntesis de las perspectivas" de las diferentes clases, cada una de las cuales tiene su verdad relativa o parcial. Schaff, en la medida en que habla de las clases revolucionarias en general, y no del proletariado en particular, se ve obligado a hacer concesiones a Mannheim y a aceptar, con reservas, la tesis de la "multiplicación de las perspectivas" para "obtener una visión del objeto más completa, más global" [39] lo cual, en nuestra opinión, está peligrosamente cerca del eclecticismo y no resuelve nada: ¿cuál es el criterio que permitiría hacer tal "síntesis"?

La tesis defendida por Schaff subestima *la especificidad del punto de vista proletario respecto al de las clases revolucionarias del pasado* (esencialmente la burguesía ascendente):

[38] Adam Schaff, *Histoire et vérité*, París, Anthropos, 1971, pp. 193-194, 326.
[39] Schaff, *op. cit.*, p. 314.

1. La burguesía revolucionaria tenía intereses particulares que defender, diferentes del interés general de las masas populares: luchaba a la vez contra el feudalismo y en pro de la instauración de una nueva dominación de clase; lo cual implicaba la ocultación ideológica (consciente o no) de sus verdaderos fines y del verdadero sentido del proceso histórico.

El proletariado, en cambio, clase universal cuyo interés coincide con el de la gran mayoría y cuyo objeto es la abolición de toda dominación de clase, no está obligado a ocultar el contenido histórico de su lucha; es, por consiguiente, la primera clase revolucionaria cuya ideología tiene la *posibilidad* objetiva de ser *transparente.*

No es, por lo tanto, en modo alguno una casualidad que el proletariado —al revés de la burguesía revolucionaria— asigne abiertamente como objetivo a su revolución, no la defensa de pretendidos "derechos naturales", de pretendidos "principios eternos de la libertad y de la justicia", sino la realización de sus *intereses de clase.* Una comparación entre el *Manifiesto comunista* y la Declaración de los derechos del hombre de 1789 es altamente instructiva a este respecto.

2. La burguesía ha podido llegar al poder sin una comprensión clara del proceso histórico, sin una conciencia precisa de los hechos, llevada por la "astucia de la razón" del desarrollo económico-social. El conocimiento científico del movimiento de liberación no era en modo alguno una condición de su victoria, y la autofalsificación ideológica caracterizó en general su comportamiento como clase revolucionaria.

El proletariado, en cambio, no puede tomar el poder y transformar la sociedad sino por un acto *deliberado y consciente.* El conocimiento objetivo de la realidad, de la estructura social, de la coyuntura política es, por consiguiente, una condición necesaria de su práctica revolucionaria; corresponde, pues, a su interés de clase. ¡El socialismo será científico o no será! [40]

Por consiguiente, la superioridad epistemológica de la perspectiva proletaria no es únicamente la de las clases revolucionarias en general, sino que tiene un carácter particular, cualitativamente diferente de las otras clases, específico del proletariado como *última clase revolucionaria* y como clase cuya revolución inaugura el "reinado de la libertad", es decir, la dominación consciente y racional de los hombres sobre su vida social. En este sentido, la ciencia proletaria es una forma de transición a la ciencia comunista, la ciencia de la sociedad sin clases, que podrá alcanzar un grado mucho mayor de objetividad, porque el conocimiento de la sociedad cesará de ser lo que se ventile en una lucha política y social. Las limitaciones que existen en el punto de vista del proletariado, en el marxismo, no se harán visibles hasta ese momento. Todas las tentativas que se emprendan para "rebasarlo" antes de este período, antes del advenimiento de la sociedad comunista mundial, no podrán dar otro resultado que el de recaídas, retrocesos, vueltas al punto de vista de otras clases más limitadas que el proletariado. En este sentido, efectivamente, *el marxismo es el horizonte científico de nuestra época* (Sartre *dixit*).

¿Habrá que deducir de esto que el error sea imposible para todo el que se sitúe en la perspectiva proletaria? El principio epistemológico según el cual el punto de vista del proletariado es el que ofrece la mejor *posibilidad objetiva* de un conocimiento de la verdad, no significa de modo alguno que *basta* con situarse en ese punto de vista para conocer la verdad. Una gran montaña permite una vista mejor del paisaje que una pequeña colina; pero un miope encaramado en la cima de la montaña no verá mucho...

[40] Véase, al respecto, G. Lukács, *Geschichte und Klassenbewusstsein*, Luchterhand, 1968, pp. 243-246, 399.

Por otra parte, el punto de vista de las otras clases, incluso inferior, no produce únicamente falacias, contraverdades y errores.

En una palabra, existe una *autonomía relativa* de la ciencia social, una continuidad relativa en el interior de la historia de esta ciencia (Marx continúa-critica-supera a Ricardo), una lógica interna de la investigación científica, una especificidad de la ciencia como práctica tendiente al descubrimiento de la verdad. Esta "autonomía" —en el sentido etimológico griego: "regido por sus propias leyes"— es relativa pero real. Ella explica no sólo los errores que han podido cometer pensadores marxistas, y hasta Marx o Engels (por ejemplo, la previsión de la inminencia de una revolución proletaria en Alemania en 1848-50), sino también los conocimientos verdaderos que puede producir en el interior de sus limitaciones una ciencia histórica que se sitúe en un punto de vista burgués (por caso, los análisis de Hobbes sobre la violencia como base del Estado moderno).

La ciencia del proletariado demuestra su superioridad precisamente por su capacidad para incorporar estas verdades parciales producidas por las ciencias "burguesas" sobrepasándolas dialécticamente (Aufhebung), criticando/negando sus limitaciones de clase. La actitud contraria, que proclama la infalibilidad a priori de toda ciencia situada en la perspectiva proletaria, y el error absoluto y necesario de toda investigación fundada sobre otro punto de vista, es en realidad *dogmática* y *reduccionista*, porque ignora la autonomía relativa de la producción científica en relación con las clases sociales.

En conclusión, el punto de vista del proletariado no es una garantía suficiente del conocimiento de la verdad objetiva, pero es el que ofrece la mayor posibilidad de acceso a esta verdad. Y ello porque la verdad es para el proletariado un medio de lucha, un arma indispensable para la revolución. Las clases dominantes, la burguesía (y también los burócratas en otro contexto), necesitan de embustes para mantener su poder. En cuanto al proletariado revolucionario, necesita la verdad.

FUENTES

1) "Weber y Marx, notas críticas sobre un diálogo implícito", *L'Homme et la société*, núm. 20, abril-mayo-junio 1971.
2) "Marx y la revolución española (1854-56)", *Le mouvement Social*, núm. 60, julio-septiembre, 1967.
3) "El humanismo historicista de Marx o releer el Capital", *L'Homme et la société*, núm. 17, septiembre 1970.
4) "El marxismo revolucionario de Rosa Luxemburg", *Partisans*, núm. 45, enero 1969.
5) "Rosa Luxemburg y la cuestión nacional", *Partisans*, núm. 50-60, mayo-agosto 1971.
6) "La significación metodológica de la consigna 'socialismo o barbarie'," *Problemas del socialismo*, núm. 1, año XIII, 1971.
7) "De la gran lógica de Hegel a la estación finlandesa de Petrogrado", *L'Homme et la société*, núm. 15, enero-febrero-marzo 1970.
8) Notas históricas sobre el marxismo ruso (inédito).
9) "Guevara, marxismo y realidades actuales de América Latina", intervención en el coloquio de Cabris (julio 1970), *L'Homme et la société*, núm. 21, julio-agosto-septiembre 1971.
10) "Las etapas del desarrollo social en la 'visión del mundo' marxista en América Latina". Comunicación al coloquio del Consejo latinoamericano de ciencias sociales, México, noviembre 1972, inédito.
11) "Objetividad y punto de vista de clase en las ciencias sociales", *Critique de l'économie politique*, núm. 9, octubre-diciembre 1972, Maspero.

NOTA: Parte de estos ensayos han sido revisados para la presente edición.

impreso en editorial romont, s.a.
presidentes 142-col. portales
del. benito juárez-03300 méxico, d.f.
un mil ejemplares y sobrantes
11 de julio de 1983

www.ingramcontent.com/pod-product-compliance
Ingram Content Group UK Ltd.
Pitfield, Milton Keynes, MK11 3LW, UK
UKHW041827200726
13854UKWH00002BA/625

9 789682 303159